企业劳动关系管理实务

QIYE LAODONG GUANXI GUANLI SHIWU

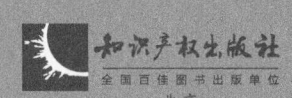

李晓非　尹洁林 ◎ 主编

知识产权出版社
全国百佳图书出版单位
——北京——

图书在版编目（CIP）数据

企业劳动关系管理实务/李晓非，尹洁林主编. —北京：知识产权出版社，2021.12
ISBN 978 – 7 – 5130 – 7872 – 6

Ⅰ. ①企… Ⅱ. ①李… ②尹… Ⅲ. ①企业—劳动关系—管理 Ⅳ. ①F272.92

中国版本图书馆 CIP 数据核字（2021）第 234225 号

内容提要

本书针对企业劳动关系管理中的实际问题，从招聘管理、劳动合同管理以及薪酬支付三个方面，对劳动关系管理的重点内容和风险要点进行了阐述，并结合真实案例给出具体的实务指导。

责任编辑：韩婷婷　荆成恭　　　　　责任校对：谷　洋
封面设计：臧　磊　　　　　　　　　责任印制：孙婷婷

企业劳动关系管理实务

李晓非　尹洁林　主编

出版发行：知识产权出版社 有限责任公司		网　　址：http://www.ipph.cn	
社　　址：北京市海淀区气象路50号院		邮　　编：100081	
责编电话：010 – 82000860 转 8341		责编邮箱：jcggxj219@163.com	
发行电话：010 – 82000860 转 8101/8102		发行传真：010 – 82000893/82005070/82000270	
印　　刷：北京建宏印刷有限公司		经　　销：各大网上书店、新华书店及相关专业书店	
开　　本：720mm×1000mm　1/16		印　　张：14	
版　　次：2021年12月第1版		印　　次：2021年12月第1次印刷	
字　　数：215 千字		定　　价：69.00 元	
ISBN 978 – 7 – 5130 – 7872 – 6			

出版权专有　侵权必究
如有印装质量问题，本社负责调换。

前　言

　　人力资源管理者作为劳动者"入、离、调、转"的直接执行者，必须具备足够的劳动法律法规知识，因为随着国家劳动法律法规的不断完善以及普法教育的逐渐深入，劳动者的法律知识和维权意识在逐步地增强。随着人类步入移动互联网时代，用人单位如在处理劳动关系时出现失误很可能会给企业带来巨大的负面效应，用人单位的社会形象乃至生产经营都会受到巨大影响。

　　本书从用人单位的工作实践出发，通过真实的案例阐述了劳动关系管理的知识与逻辑，并总结了具体工作内容所涉及的应用细节，为人力资源管理专业学生未来的劳动关系管理实践工作提供了指导，同时也可以作为人力资源从业者日常工作的参考。

　　本书的主要内容分为三个模块：招聘管理、劳动合同管理和薪酬支付。招聘管理模块主要涉及招聘启事的撰写与制作、面试以及入职审查；劳动合同管理模块主要涉及劳动合同的签订、终止、变更与解除；薪酬支付模块主要涉及薪酬总额、薪酬发放、最低工资、加班工资以及特殊情况下的薪酬支付。

　　为更好地让读者理解相关法律法规知识在实务中的应用，本书援引了大量来自中国裁判文书网的真实案例。

　　希望每一位阅读本书的读者都能有所收获，也欢迎广大读者对本书进行批评指正，并提出自己的宝贵意见。

　　感谢胡海月、王子钰、陈思琦、黄颖华同学对本书的完成付出努力。

　　特别感谢北京信息科技大学经管学院专业建设项目对本书的资助。

目　　录

1 招聘管理 ……………………………………………………………… 1
　1.1　招聘启事 …………………………………………………………… 1
　　　1.1.1　招聘启事撰写的基本原则………………………………… 1
　　　1.1.2　招聘启事制作的要求……………………………………… 2
　1.2　面试 ………………………………………………………………… 4
　1.3　入职审查 …………………………………………………………… 5
　　　1.3.1　入职审查重点内容………………………………………… 5
　　　1.3.2　入职登记表的设置………………………………………… 8

2 劳动合同的签订 …………………………………………………… 11
　2.1　用人单位的主体资格 …………………………………………… 11
　　　2.1.1　用人单位的范围 ………………………………………… 11
　　　2.1.2　不具备用人单位主体资格的组织 ……………………… 12
　2.2　劳动者主体资格 ………………………………………………… 14
　　　2.2.1　未满16周岁的人员 ……………………………………… 14
　　　2.2.2　16～18周岁的人员 ……………………………………… 15
　　　2.2.3　达到法定退休年龄的人员 ……………………………… 15
　　　2.2.4　在校大学生 ……………………………………………… 17
　　　2.2.5　建立多重劳动关系的人员 ……………………………… 18
　　　2.2.6　外国人 …………………………………………………… 19
　2.3　劳动关系的认定 ………………………………………………… 20
　　　2.3.1　劳动关系的认定标准 …………………………………… 20

2.3.2　劳动关系认定的要素 …………………………………… 22
2.4　几种特殊关系的界定 …………………………………………… 24
　　2.4.1　网络主播 ……………………………………………… 24
　　2.4.2　外卖骑手 ……………………………………………… 26
　　2.4.3　出租车司机 …………………………………………… 28
　　2.4.4　网约车与平台之间 …………………………………… 30
2.5　劳动合同的签订过程 …………………………………………… 31
　　2.5.1　口头劳动合同 ………………………………………… 31
　　2.5.2　劳动者代签劳动合同 ………………………………… 32
　　2.5.3　劳动者拒签劳动合同 ………………………………… 33
2.6　劳动合同约定的内容 …………………………………………… 35
　　2.6.1　劳动合同必备条款 …………………………………… 35
　　2.6.2　劳动合同中的无效内容 ……………………………… 36
　　2.6.3　如何约定调岗 ………………………………………… 38
　　2.6.4　如何约定工作地点 …………………………………… 40
　　2.6.5　如何约定工作内容 …………………………………… 41
2.7　试用期管理 ……………………………………………………… 43
　　2.7.1　什么是试用期 ………………………………………… 43
　　2.7.2　试用期约定的期限 …………………………………… 46
　　2.7.3　试用期的工资 ………………………………………… 48
　　2.7.4　试用期的福利 ………………………………………… 50
　　2.7.5　试用期劳动合同的解除 ……………………………… 51
　　2.7.6　违反试用期规定的风险 ……………………………… 51
2.8　违约金的约定 …………………………………………………… 53
2.9　服务期 …………………………………………………………… 54
　　2.9.1　专项培训的认定 ……………………………………… 55
　　2.9.2　培训费用范围的确定 ………………………………… 56
　　2.9.3　劳动者违反服务期约定责任的认定 ………………… 58
2.10　保密义务与竞业限制 ………………………………………… 61

2.10.1　商业秘密 …………………………………………… 61
　　2.10.2　劳动者泄露商业秘密的处理 ……………………… 64
　　2.10.3　竞业限制的主体 …………………………………… 66
　　2.10.4　竞业限制的范围 …………………………………… 67
　　2.10.5　竞业限制的时间 …………………………………… 69
　　2.10.6　竞业限制违约金数额 ……………………………… 70
　　2.10.7　竞业限制补偿金 …………………………………… 73

3　劳动合同的终止、解除与变更 ……………………………… 78
　3.1　劳动合同终止 ……………………………………………… 78
　　3.1.1　劳动合同到期终止 …………………………………… 78
　　3.1.2　劳动者享受基本养老保险待遇终止 ………………… 80
　　3.1.3　劳动者死亡终止 ……………………………………… 81
　　3.1.4　用人单位破产终止 …………………………………… 82
　　3.1.5　用人单位关闭终止 …………………………………… 84
　　3.1.6　劳动合同终止的限制性规定 ………………………… 86
　3.2　（用人单位/劳动者）协商一致解除劳动合同 …………… 87
　　3.2.1　协商一致解除劳动合同的认定 ……………………… 87
　　3.2.2　协商一致解除劳动合同的提出 ……………………… 88
　　3.2.3　协商一致解除劳动合同的补偿金 …………………… 90
　　3.2.4　协商一致解除劳动合同协议的签订 ………………… 92
　3.3　（劳动者）预告性解除劳动合同 ………………………… 93
　　3.3.1　劳动者提前通知用人单位的方式 …………………… 94
　　3.3.2　劳动者提出辞职后能否反悔撤销 …………………… 95
　　3.3.3　劳动者闪辞的赔偿 …………………………………… 96
　　3.3.4　用人单位如何应对劳动者"不辞而别" …………… 98
　3.4　（劳动者）被迫解除劳动合同 …………………………… 100
　　3.4.1　未按照劳动合同约定提供劳动保护或者劳动条件 …… 101
　　3.4.2　未及时足额支付劳动报酬 …………………………… 103

         3.4.3 未依法为劳动者缴纳社会保险费……………………… 104
         3.4.4 用人单位的规章制度违反法律、法规的规定，
               损害劳动者权益…………………………………………… 106
         3.4.5 以欺诈、胁迫的手段或者乘人之危订立和变更的
               劳动合同…………………………………………………… 107
         3.4.6 不需事先告知用人单位，劳动者直接解除劳动
               合同的情况………………………………………………… 109
   3.5 （用人单位）非过失性解除劳动合同 ………………………… 111
         3.5.1 不能胜任工作的判断……………………………………… 111
         3.5.2 末位淘汰的合法性………………………………………… 114
         3.5.3 不能胜任工作员工的调岗………………………………… 117
         3.5.4 不能胜任工作员工的培训………………………………… 118
         3.5.5 医疗期的时间范围………………………………………… 120
         3.5.6 医疗期与病假申请………………………………………… 122
         3.5.7 医疗期满不能从事原工作的认定………………………… 125
         3.5.8 以客观情况发生重大变化为由解除劳动合同的
               注意事项…………………………………………………… 126
         3.5.9 非过失性解除劳动合同人员的限制……………………… 131
   3.6 （用人单位）过失性解除劳动合同 …………………………… 133
         3.6.1 在试用期间被证明不符合录用条件的劳动者…………… 133
         3.6.2 严重违反用人单位规章制度的劳动者…………………… 135
         3.6.3 严重失职，营私舞弊，给用人单位造成重大损害的
               劳动者……………………………………………………… 138
         3.6.4 与其他单位建立劳动关系的劳动者……………………… 139
         3.6.5 因欺诈、胁迫、乘人之危致使劳动合同无效的
               劳动者……………………………………………………… 140
         3.6.6 被依法追究刑事责任的劳动者…………………………… 142
   3.7 （用人单位）经济性裁员 ………………………………………… 144
         3.7.1 经济性裁员的对象………………………………………… 144

3.7.2 经济性裁员的实质要件 … 145
3.7.3 经济性裁员的程序要件 … 149
3.7.4 经济性裁员的特殊保护 … 153
3.8 经济补偿 … 153
3.8.1 劳动合同解除时用人单位须支付经济补偿的情形 … 153
3.8.2 劳动合同终止时用人单位须支付经济补偿的情形 … 155
3.8.3 经济补偿金的基数 … 157
3.8.4 经济补偿金的支付 … 160
3.9 用人单位违法解除/终止劳动合同 … 160
3.9.1 用人单位违法解除劳动合同的情形 … 160
3.9.2 用人单位违法终止劳动合同的情形 … 162
3.9.3 用人单位违法解除/终止劳动合同的赔偿 … 163
3.10 劳动合同变更 … 164
3.10.1 劳动合同变更的一般性要求 … 165
3.10.2 劳动合同变更的程序 … 168

4 薪酬支付 … 171
4.1 薪酬总额 … 171
4.1.1 工资的界定 … 171
4.1.2 工资的举证 … 172
4.1.3 年终奖 … 176
4.1.4 津贴补贴 … 179
4.2 薪酬发放 … 182
4.2.1 薪酬发放的时间 … 182
4.2.2 薪酬发放的方式 … 185
4.2.3 罚款 … 186
4.3 最低工资 … 189
4.3.1 最低工资的适用对象 … 190
4.3.2 最低工资的范围 … 192

4.3.3 计件工资制员工的最低工资 ······ 193
4.4 加班工资 ······ 196
4.4.1 加班工资的一般性规定 ······ 196
4.4.2 加班的认定 ······ 197
4.4.3 值班与加班 ······ 199
4.5 特殊情况下的薪酬支付 ······ 201
4.5.1 工伤期间薪酬支付 ······ 201
4.5.2 产假期间薪酬支付 ······ 203
4.5.3 年假期间薪酬支付 ······ 204
4.5.4 事假期间薪酬支付 ······ 207
4.5.5 病假期间工资支付 ······ 208
4.5.6 其他假期期间薪酬支付 ······ 208
4.5.7 停工期间工资支付 ······ 210
4.5.8 隔离人员工资支付 ······ 211

参考文献 ······ 212

1 招聘管理

1.1 招聘启事

招聘启事是用人单位对外公开招聘人员时使用的一种文书,企业通过招聘启事表达对自己所招聘人员的工作内容、工作要求以及所提供的待遇。招聘启事是用人单位对外展示的"窗口",招聘启事不仅是应聘者与用人单位沟通的桥梁,更是用人单位企业文化和用人哲学的体现。

合法规范的招聘启事,不仅能为用人单位招揽优秀的人才,更可以避免用人单位在未来用工过程中出现的风险。

1.1.1 招聘启事撰写的基本原则

(1) 合法性原则

招聘启事的撰写要符合国家法律法规的相关规定,不得存在欺诈、歧视以及违背公序良俗的内容。

《就业服务与就业管理规定》第十一条规定,招聘启事中应当包括以下内容:用人单位基本情况、招用人数、工作内容、招录条件、劳动报酬、福利待遇、社会保险等内容,以及法律、法规规定的其他内容。除此之外,用人单位还应注意以下三点:

①招聘启事中不得含有歧视性语句。《中华人民共和国劳动法》第十二条规定,劳动者就业,不因民族、种族、性别、宗教信仰不同而受歧视。《中华人民共和国就业促进法》第二十九条至三十一条规定,用人单位招用人员,不得歧视残疾人、不得以是传染病病原携带者为由拒绝录用、不得对

农村劳动者进城就业设置歧视性限制。用人单位招聘内容中，不应以歧视性的理由拒绝录用或提高录用标准，如"仅限女性""仅限本市户口"等。

②禁止以招用人员为名牟取不正当利益或进行其他违法活动，如以各种名义向应聘人员收取费用、擅自泄露或倒卖应聘人员个人信息等。

③禁止要求应聘人员提供财产或证件作为抵押。《就业服务与就业管理规定》第十四条规定，用人单位在招录人员时不得扣押被录用人员的居民身份证和其他证件，不得以担保或者其他名义向劳动者收取财物。一些用人单位为了保障自身财产（车辆、设备、工具等）不受损失，会采用收取"抵押金"的方式作为赔偿的准备金，此类要求如明确写入招聘启事中会给企业带来一定的法律风险。

（2）真实性原则

招聘启事一旦对外发布则成为具有法律效力的书面文书，用人单位必须对招聘启事中所有的内容负责。《就业服务与就业管理规定》第十四条规定，用人单位在招录人员时，不得提供虚假招聘信息，发布虚假招聘广告。

用人单位在招聘启事中言过其实的宣传固然能够"吸引"更多应聘人员，但同时也给企业未来的员工关系管理留下"祸根"。

（3）简明性原则

招聘启事应通过较为简洁的篇幅，反映用人单位对岗位的要求及相关的待遇等情况。在行文过程中，应使用明确的语言进行描述，如采用"三年以上工作经验""获得注会证书""公司提供午餐"等精确性的词语，而非"工作经验丰富""获得相关证书""人性化福利"等模糊性的语句。

1.1.2 招聘启事制作的要求

（1）避免出现歧视信息

《中华人民共和国就业促进法》第三条规定，劳动者依法享有平等就业和自主择业的权利。用人单位在招聘启事中出现的歧视性信息是对劳动者平等就业权利的侵害，很有可能会为此受到相应的处罚。在现实中，如用人单位无法证明其在招聘启事中的限制性条件是基于工作岗位的客观需要而制定，一般情况下都会被认为是歧视。

为避免歧视性信息带来的法律风险，用人单位在招聘启事中，如无法确定某项要求是否涉及就业歧视，建议采用"优先""择优"等较为缓和性的词语，或者直接不予表述。

[基本案情]

只招男性文案，被认定为歧视。❶

郭某向 A 培训学校投递简历，应聘该校文案策划职位，并与该校招聘部门进行了电话联系，被以文案职位需经常与校长出差、校长为男性、出差时间较长等为由回复学校定位只招男性，建议郭某可考虑应聘 A 学校的人事、文员等岗位。同时，郭某在某招聘平台上看到该校发布的招聘信息为"招聘人数 1 人，最低学历大专，工作经验不限（应届生亦可），性别要求为男性"，2014 年 8 月，郭某诉至原审法院，请求判令：A 学校书面赔礼道歉，并赔偿郭某精神损害抚慰金 50 000 元。

[法院裁判]

本案中 A 学校需招聘的岗位为文案策划，A 学校并未举证证明该岗位属于法律、法规所规定的女职工禁忌从事的工作。根据其发布的招聘要求，女性完全可以胜任该岗位工作，其所辩称的需招录男性的理由与法律不符，其行为侵犯了郭某平等就业的权利，应赔偿郭某精神损害抚慰金 2 000 元。

[案件解析]

本案的焦点在于用人单位提出的"出差不便""出差时间较长"等原因是否能够作为限制女性从事该岗位的条件。通过法院的判决可以看出，该用人单位提出的相关理由，并不足以证明女性无法胜任该岗位的工作要求。因此，用人单位在撰写招聘启事的过程中，如没有充足的理由，一定要慎用"仅招×××""不招×××"字样的语句。

（2）招聘启事中要明确录用条件

《中华人民共和国劳动合同法》第三十九条规定，对于在试用期间被证明不符合录用条件的劳动者，用人单位可以单方解除劳动合同。如在招

---

❶ 中国裁判文书网：（2015）浙杭民终字第 101 号。

聘过程中未制定录用条件或者录用条件不明确，用人单位援引该法规解除劳动合同时则会面临较大的法律风险。具体而言，用人单位在制定录用条件时应注意以下三点：

①设置明确的录用条件指标，尽量采用定量指标，避免双方的纠纷，如对销售人员可规定"每月销售额不低于当月任务的×%"，对于服务人员可规定"当月客户投诉次数不高于×次"，对财务人员可规定"当月财务核算差错次数不高于×次"。

②告知应聘者录用条件的有关内容，并要求其签订《录用条件告知确认书》作为应聘者知晓录用条件的书面证明。

③做好招聘启事、录用条件、录用条件告知确认书等文件的归档工作，以应对未来可能出现的劳动争议。

（3）招聘启事要明确岗位的工作内容与岗位要求

招聘启事要保证招聘岗位与应聘者实际从事岗位的一致性，避免双方在签订劳动合同时出现纠纷，甚至出现劳动者拒绝入职的情况。如果用人单位目前招聘岗位的工作内容与岗位要求无法明确，可在招聘启事中标注"最终岗位及待遇以双方签订的劳动合同为准"。

另外，目前用人单位有时会借助第三方机构发布招聘信息，用人单位应及时对其代为发布的招聘启事进行监测，避免第三方机构对用人单位的招聘启事进行篡改。

1.2 面试

面试是招聘过程中用人单位与应聘者深入交流的环节。用人单位可以通过面试对应聘者的综合能力进行测试，并能了解更多简历以外的信息，从而判断其是否适合应聘的岗位。应聘者通过面试中的沟通能够了解用人单位对于岗位更详细的要求，以及工作内容、工作时间、工作地点等更为详细的信息。在面试过程中，用人单位需要注意以下三方面的问题：

（1）把握用人单位知情权和应聘者隐私权的边界

用人单位在面试时希望充分了解应聘者过往的经历，以便对其工作能力进行有效的判断，但在询问过程中要注意对应聘者隐私权的保护，尽量避免询问与工作内容无关的隐私或敏感问题，以免引起对方的不满。

（2）注意面试中的言辞，避免引起冲突

在面试过程中，要避免出现歧视性的语言，如对地域、学历、学校的歧视等，以免给用人单位带来诉讼风险。另外，对于应聘者工作能力中的不足甚至简历中的虚构成分，应采用就事论事的方式予以指出，不要出现对其人格上有所侮辱的言语。

（3）如实告知应聘者询问的信息

在面试过程中，对于应聘者询问的工作内容、工作地点、汇报条线、薪酬水平、薪酬结构、兑付方式、福利情况、休息休假、出差频率等问题，用人单位应予以如实解答，不得进行隐瞒和夸大，以免在入职时发生纠纷。如招聘人员对于应聘者提出的问题，无法作出准确的回答，可以向其说明"以双方最终签订的劳动合同为准"。

1.3 入职审查

《中华人民共和国劳动合同法》第八条规定，用人单位有权了解劳动者与劳动合同直接相关的基本情况，劳动者应当如实说明。对于通过面试的拟录用人员，用人单位有权对其背景情况进行审查，以保证其所提供的信息的真实性。

《中华人民共和国劳动合同法》第二十六条规定，以欺诈、胁迫的手段或者乘人之危，使对方在违背真实意思的情况下订立或者变更劳动合同的，为无效或者部分无效劳动合同。如出现应聘者提供的入职信息存在虚假的情况，用人单位可以援引此项规定作出劳动合同无效或者部分无效的认定。

1.3.1 入职审查重点内容

（1）年龄审查

《中华人民共和国劳动法》第十五条规定，禁止用人单位招用未满十六周岁的未成年人。文艺、体育和特种工艺单位招用未满十六周岁的未成年人，必须遵守国家有关规定，并保障其接受义务教育的权利。《禁止使用童工规定》第四条规定，用人单位招用人员时，必须核查被招用人员的身份证；对不满16周岁的未成年人，一律不得录用。《禁止使用童工规定》第六条规定，用人单位使用童工的，由劳动保障行政部门按照每使用一名童工每月处5 000元罚款的标准给予处罚。因此用人单位招聘时，需仔细核对应聘者的身份证，以免给企业带来"使用童工"的风险。

[基本案情]

冒用他人身份的童工，出现工伤需要赔偿吗？❶

2015年5月13日，未满16岁的杨某通过A公司张贴的招聘信息冒用刘某的身份证到该公司应聘，5月14日到A公司上班，双方未签订书面劳动合同，5月15日上午杨某在工作中受到伤害。由A公司工作人员送至上海市奉贤区中心医院就诊，诊断为左食指大部分断离伤，至2015年5月26日出院。杨某出院后，于2015年7月8日向上海市奉贤区劳动人事争议仲裁委员会（以下简称奉贤区仲裁委）申请仲裁，要求A公司支付非法用工一次性赔偿金。奉贤区仲裁委以杨某不具主体资格为由，出具不予受理通知书。因杨某不服，遂诉至法院，要求A公司支付：①鉴定费350元；②2015年5月16日至2015年11月6日期间的生活费29 980.50元（5 451元×5.5个月）；③一次性赔偿金65 412元。一审法院判决后，杨某不服，提起上诉。

[法院裁判]

一审法院认为：第一，杨某进入A公司工作时未满16周岁，A公司事实上存在使用童工的行为；第二，杨某在应聘时未履行如实告知的义务，告知A公司其未满16周岁，反而冒用他人身份证，其主观上存在故意，故理应承担相应的民事责任；第三，A公司在招聘时查看了杨某提供的"刘某"的身份证，履行了一般的审查义务，根据实际情况，双方应承担同等责任，A公司仅需承担50%的鉴定费和50%的一次性赔偿金。

---

❶ 中国裁判文书网：（2016）沪01民终2134号。

二审法院认为：A公司应当全额承担鉴定费及一次性赔偿金，理由如下：首先，根据《工伤保险条例》第六十六条的规定，用人单位不得使用童工，用人单位使用童工造成童工伤残、死亡的，由该单位向童工或者童工的近亲属给予一次性赔偿，赔偿标准不得低于本条例规定的工伤保险待遇。该条规定中并未就童工自身是否有过错，以及非法用工单位是否明知劳动提供者系童工加以区别规范。其次，杨某冒用他人身份证虽有过错，但根据《工伤保险条例》规定，工伤事故中并不以劳动者是否存在过错为赔偿前提。

[案件解析]

本案中的焦点在于，伪造身份入职的童工是否会因其欺诈行为丧失工伤赔偿的资格。通过此案例可以看出，一审和二审法院都认定伪造身份入职的杨某存在过错，但仍认定A公司存在非法使用童工的行为，因此杨某仍需获得用人单位的工伤赔偿。

用人单位在招聘时，要仔细核对应聘者的身份证。首先，必须要求应聘者提供身份证原件，不能仅提供复印件、扫描件、照片等。其次，对于那些工伤事故发生频率较高的企业，如制造企业、采掘企业等，可要求员工除了提供身份证明外，还需提供户籍所在地派出所、居委会、村委会的身份证明，以保证信息的真实性。另外，有条件的用人单位可以通过"人证对比"软件和设备对其身份的真实性进行验证，以免出现案例中童工冒用他人身份的事件。

（2）身体检查

我国法律规定用人单位对劳动者健康状况享有知情权，用人单位有权要求应聘者提供近期的体检报告或者要求其前往指定的医院进行入职体检。

患有重大潜在疾病或职业病的员工会给用人单位带来巨大的用工风险，如某煤矿员工查出患有尘肺病，由于该煤矿并未进行入职体检，而该矿工在职期间查出患有尘肺病，由于用人单位无法证明该员工入职前是否患有尘肺病，则需承担因此带来的责任。

用人单位在行使劳动者健康状况知情权时，还应掌握行为边界，不得侵犯员工的平等就业权，如强制要求女性员工进行孕检、强制要求乙肝检测等。

医学研究表明，乙肝病毒经血液、母婴及性接触三种途径传播，日常工作、学习或生活接触不会导致乙肝病毒传播。《关于进一步规范入学和就业体检项目维护乙肝表面抗原携带者入学和就业权利的通知》中规定，用人单位在就业体检中，不得要求开展乙肝项目检测，不得要求提供乙肝项目检测报告，也不得询问是否为乙肝表面抗原携带者。各级医疗卫生机构不得在就业体检中提供乙肝项目检测服务。

（3）劳动合同状态审查

《违反〈劳动法〉有关劳动合同规定的赔偿办法》第六条规定，用人单位招用尚未解除劳动合同的劳动者，对原用人单位造成经济损失的，除该劳动者承担直接赔偿责任外，该用人单位应当承担连带赔偿责任。

用人单位在招聘时，需要应聘者提供原单位解除或终止劳动合同的证明，即通常所说的"离职证明"，如应聘者无法提供，则需审慎录用，避免出现法律纠纷。另外，通过应聘者提供的"离职证明"也可帮助用人单位更好地了解其原有的工作状态，从而对其能力进行更为全面的判断。

（4）就业限制审查

为了保守商业秘密，用人单位会要求一些从事技术、研发以及高级管理人员签订竞业限制协议或保密协议。

在招录此类人员时，用人单位应注意审查应聘人员是否与原单位签署过相关协议，并确认其在本单位工作是否违反了协议的规定，如有必要，可向其原单位进行求证。

同时，用人单位还需对应聘者的学历、职称、职业资格证照以及过往工作经历等进行审查。

1.3.2 入职登记表的设置

用人单位通过要求应聘人员填写入职登记表将其告知义务加以"固化"，从而形成书面证据。

入职登记表中的应至少包括以下内容：

①基本信息。包括姓名、性别、曾用名、籍贯、身份证号、户籍所在地、居住地址等。

②教育情况。包括毕业院校、学位、学历、学习方式、专业等。

③工作经历。包括工作单位及部门、职务、离职原因、证明人（姓名、现任职务及联系方式）等。

④职称及职业资格证照。包括授予/颁发单位、授予/颁发时间、职称/职业资格证照名称等。

⑤奖惩情况。包括名称、时间、原因、批准单位等。

⑥附件。应聘登记表中各种信息的支持性材料，如毕业证书、职称证书、获奖证书等复印/扫描件，人力部门同时还需对原件进行审核。

⑦真实性声明。真实性声明中要有类似"本人已知晓表格中填写的信息为×××公司录用的依据""本人保证所提供的信息真实、有效，不存在任何虚假陈述"等条款，以保证入职登记表的合法性和有效性。

入职登记表中要求应聘者登记的信息，应与其劳动合同直接相关，如应聘者在无关信息中进行了隐瞒或虚假陈述，用人单位则不能以劳动者未尽到告知义务为由，认定劳动合同无效或解除劳动关系。

[基本案情]
"隐婚"入职的女员工可以解除劳动合同吗？❶

2012年3月30日，王某到A公司应聘时，在A公司发给的《应聘表》的婚姻状况一栏填写为"未"；在《员工登记表》的婚否一栏填写"否"。2012年4月16日，A公司、王某签订《劳动合同书》。2012年11月，A公司发现王某于2011年7月15日已结婚，并怀孕，遂于2013年1月25日向王某发出解除劳动合同关系的通知，解除了与王某的劳动合同关系。

王某遂向当地仲裁委提起仲裁，要求A公司支付违法解除劳动合同的经济赔偿金，仲裁委裁决结果为：一、确认A公司、王某自2012年4月

---

❶ 中国裁判文书网：(2014)海中法民一终字第382号。

16日至2013年1月25日存在劳动关系；二、A公司向王某支付经济赔偿。

A公司不服裁决，提起诉讼。一审法院支持仲裁委的观点，认为A公司应向王某支付违法解除劳动合同的经济赔偿金。A公司不服，提起上诉称：王某为了达到顺利入职的目的，采取刻意隐瞒的方式，向A公司提供虚假的婚姻状况信息的行为，违反了《中华人民共和国劳动合同法》第八条、第二十六条第一款、第三十九条第五款的规定，鉴此，王某采取欺诈方式违背A公司真实意愿签订的劳动合同，属无效合同。A公司根据上述规定，依法解除与王某签订的劳动合同，符合法律规定和法律程序。

[法院裁判]

A公司并未提供证据证明当初招聘员工时以未婚为入职条件，且婚姻状况属于个人信息，在不影响王某履职行为的情况下，未如实披露婚姻状况并不构成对A公司的欺诈。故A公司以王某欺诈为由要求认定劳动合同无效，没有事实和法律依据，法院依法不予采信。A公司在王某怀孕期间解除劳动合同，违反了法律禁止性规定，属违法解除劳动合同。

[案件解析]

A公司主张王某存在欺诈行为的理由是其隐瞒了婚姻状况，必须举证证明婚姻状况是影响其对员工入职与否的判断标准。《中华人民共和国劳动法》第十二条规定，劳动者就业，不因民族、种族、性别、宗教信仰不同而受歧视。本案中，用人单位需证明其对婚姻的要求是出于工作岗位的要求而非歧视。

2 劳动合同的签订

2.1 用人单位的主体资格

2.1.1 用人单位的范围

《中华人民共和国劳动合同法》第二条规定，中华人民共和国境内的企业、个体经济组织、民办非企业单位等组织与劳动者建立劳动关系，订立、履行、变更、解除或者终止劳动合同，适用本法。国家机关、事业单位、社会团体和与其建立劳动关系的劳动者，订立、履行、变更、解除或者终止劳动合同，依照本法执行。根据法律规定，我国劳动合同的主体中的"用人单位"主要包括以下四种。

（1）中国境内依法登记注册的企业

《企业法人登记管理条例》第二条规定，具备法人条件的下列企业，应当依照本条例的规定办理企业法人登记：（一）全民所有制企业；（二）集体所有制企业；（三）联营企业；（四）在中华人民共和国境内设立的中外合资经营企业、中外合作经营企业和外资企业；（五）私营企业；（六）依法需要办理企业法人登记的其他企业。

（2）中国境内依法登记注册的个体工商户

《个体工商户条例》第二条第一款规定，有经营能力的公民，依照本条例规定经工商行政管理部门登记，从事工商业经营的，为个体工商户。

（3）民办非企业单位

《民办非企业单位登记管理暂行条例》第二条规定，民办非企业单位，是指企业事业单位、社会团体和其他社会力量以及公民个人利用非国有资产举办的，从事非营利性社会服务活动的社会组织。如律师事务所、会计师事务所、商会等。

（4）事业单位

《事业单位登记管理暂行条例》第二条规定，事业单位是指国家为了社会公益目的，由国家机关举办或者其他组织利用国有资产举办的，从事教育、科技、文化、卫生等活动的社会服务组织。如中小学、大专院校、科研院所、图书馆、博物馆等。

2.1.2 不具备用人单位主体资格的组织

根据我国相关法律规定，不具备用人单位主体资格的组织主要有以下三种。

（1）处于筹备阶段的企业

处于筹备阶段的企业尚未获得《企业法人营业执照》，不具备法人资格，因此不具备用人单位的主体资格。

[基本案情]

筹备期的企业存在事实劳动关系吗？[1]

2017年12月1日起，董某参与了A公司的筹备工作，双方口头约定董某的工作为负责办公室人事行政，月工资12 000元（税前），并由公司财务负责人黄某支付董某报酬。2018年1月12日，A公司成立，董某在A公司工作，主要负责人事行政、财务管理工作，月工资不变。

董某主张：2017年12月1日至2018年1月12日期间双方存在事实的劳动关系，因A公司2017年12月处于筹备期，故口头约定董某从事的系人事行政工作，A公司对此不予认可，从而产生争议，后诉至法院。

[法院裁判]

法院认为，劳动关系成立需要以双方具备主体资格为要件，本案中，

---

[1] 中国裁判文书网：（2019）京03民终10533号。

A公司于2018年1月12日成立，其成立之后才具有与劳动者形成劳动关系的主体资格，又因双方均认可劳动关系存续至2018年8月31日，故认定董某与A公司自2018年1月12日至2018年8月31日期间存在劳动关系；在2018年1月12日之前，由于A公司尚未成立，其不具备与劳动者形成劳动关系的资格，故对董某要求确认2017年12月1日至2018年1月11日期间存在劳动关系的诉讼请求，法院不予支持。

[案件解析]

《企业法人登记管理条例》第三条规定，申请企业法人登记，经企业法人登记主管机关审核，准予登记注册的，领取《企业法人营业执照》，取得法人资格，其合法权益受国家法律保护。依法需要办理企业法人登记的，未经企业法人登记主管机关核准登记注册，不得从事经营活动。案例中董某在2017年12月1日至2018年1月12日期间为A公司提供了劳动，但由于A公司此时尚不具备法人资格，因而其在这一阶段主张的劳动关系则不被承认。

(2) 未依法取得营业执照或者登记证书的，且未受总公司委托的分公司

《中华人民共和国公司法》第十四条规定，公司可以设立分公司。设立分公司，应当向公司登记机关申请登记，领取营业执照。分公司不具有法人资格，其民事责任由公司承担。公司可以设立子公司，子公司具有法人资格，依法独立承担民事责任。

分公司虽不具有法人资格，但根据《中华人民共和国劳动合同法实施条例》第四条规定，依法取得营业执照或者登记证书的分公司，可以作为用人单位与劳动者订立劳动合同；未依法取得营业执照或者登记证书的，受用人单位委托可以与劳动者订立劳动合同。

(3) 非法用工单位

《中华人民共和国劳动合同法》第四十四条规定，用人单位被吊销营业执照、责令关闭、撤销或者用人单位决定提前解散的，劳动合同终止。因此被吊销营业执照、责令关闭、撤销的用人单位是无法继续进行用工的。另外，对于无照经营或者未经依法登记、备案的单位，也被禁止从事用工行为。《劳动保障监察条例》第三十三条规定，对无营业执照或者已

被依法吊销营业执照,有劳动用工行为的,由劳动保障行政部门依照本条例实施劳动保障监察,并及时通报工商行政管理部门予以查处取缔。

《非法用工单位伤亡人员一次性赔偿办法》第二条规定,本办法所称非法用工单位伤亡人员,是指无营业执照或者未经依法登记、备案的单位以及被依法吊销营业执照或者撤销登记、备案的单位受到事故伤害或者患职业病的职工,或者用人单位使用童工造成的伤残、死亡童工。

前款所列单位必须按照本办法的规定向伤残职工或者死亡职工的近亲属、伤残童工或者死亡童工的近亲属给予一次性赔偿。

2.2　劳动者主体资格

广义的劳动者是指参加劳动,并将劳动收入作为主要收入来源的人。狭义的劳动者指达到法定年龄,在用人单位的管理下从事劳动并获取劳动报酬的自然人。劳动法律法规所管理的是狭义的劳动者。

2.2.1　未满16周岁的人员

童工是指未成年的工人,为保护未成年人的身心健康,各国一般都在不同程度上增加了未成年工特殊保护的法律。我国法律规定童工是指未满16周岁的儿童或少年工人,除一些特殊行业在经国家相关部门批准后可以使用未成年工人外,任何单位均严禁雇用童工。

《禁止使用童工规定》第二条规定,国家机关、社会团体、企业事业单位、民办非企业单位或者个体工商户(以下统称用人单位)均不得招用不满16周岁的未成年人。禁止任何单位或者个人为不满16周岁的未成年人介绍就业。禁止不满16周岁的未成年人开业从事个体经营活动。

《禁止使用童工规定》第十三条规定,文艺、体育单位经未成年人的父母或者其他监护人同意,可以招用不满16周岁的专业文艺工作者、运动员。文艺、体育单位招用不满16周岁的专业文艺工作者、运动员的办法,由国务院劳动保障行政部门会同国务院文化、体育行政部门制定。

在各省制定的《禁止使用童工规定》实施细则以及文艺、体育单位招用未满16周岁人员的审批的相关政策中，均作出该类用人单位在招录未满16周岁人员时需报须报劳动行政部门批准的规定。

2.2.2　16~18周岁的人员

年满16周岁，但未满18周岁的工人，称为未成年工，用人单位雇用这一年龄段的劳动者不属于"使用童工"。国家对于未成年工实行特殊劳动保护。

《中华人民共和国劳动法》第六十四条规定，用人单位不得安排未成年工从事矿山井下、有毒有害、国家规定的第四级体力劳动强度的劳动和其他禁忌从事的劳动。《中华人民共和国劳动法》第六十五条规定，用人单位应当对未成年工定期进行健康检查。另外，《未成年工特殊保护规定》中对于未成年工禁忌从事劳动的范围、登记管理方式等内容进行了明确的规定。

2.2.3　达到法定退休年龄的人员

法定退休年龄是指《国务院关于安置老弱病残干部的暂行办法》和《国务院关于工人退休、退职的暂行办法》所规定的退休年龄为男性60周岁、女干部55周岁、女工人50周岁。

随着我国人民生活水平和医疗卫生条件的提高，我国人口寿命逐渐提升，大量劳动者达到法定退休年龄后，仍具有很好的体力和脑力，足以应对工作的需要，因此很多用人单位采用返聘或者直接聘用方式将此类人员吸纳到工作中。

关于达到法定退休年龄的人员用工关系的认定，《最高人民法院关于审理劳动争议案件适用法律若干问题的解释（三）》（以下简称《劳动争议司法解释（三）》）规定，用人单位与其招用的已经依法享受养老保险待遇或领取退休金的人员发生用工争议，向人民法院提起诉讼的，人民法院应当按劳务关系处理。因此，达到法定退休年龄及领取养老金或退休金的人员与用人单位间的用工关系应界定为劳务关系,而非劳动关系。

[基本案情]

雇用领取新农保人员,算劳动关系吗?❶

余某出生于1955年12月12日,2016年12月8日余某与A保安公司签订《保安雇佣合同书》,A保安公司安排余某到B医院担任保安员职务。2017年1月3日23时3分,余某从其住所方向前往B医院的过程中发生交通事故死亡,经交警部门认定余某在该起交通事故中负次要责任。

余某于2015年12月12日年满60岁,达到法定退休年龄,其户籍为农村居民,其从2016年1月起在户籍所在地已享受农村新型基本养老保险(简称"新农保"),每月领取养老金106.95元。

[法院裁判]

养老保险是国家法律强制规定的,强调的是法律义务,"新农保"带有政策性,强调的是自愿原则。此外,"新农保"是2011年7月1日起施行,《劳动争议司法解释(三)》是2010年9月13日起施行,换言之,在《劳动争议司法解释(三)》出台时,尚未有新型农村社会养老保险这一法律概念。综合以上分析,法院认为,《劳动争议司法解释(三)》第七条规定的"养老保险待遇",并不包括新型农村社会养老保险。因此,法院认为余某与A保安公司之间存在劳动关系。

[案件解析]

最高人民法院民一庭《关于达到或者超过法定退休年龄的劳动者(含农民工)与用人单位之间劳动关系终止的确定标准问题的答复》([2015]民一他字第6号)对于达到或者超过法定退休年龄的劳动者(含农民工)与用人单位之间劳动合同关系的终止,应当以劳动者是否享受养老保险待遇或者领取退休金为标准。

《中华人民共和国劳动法》规定了劳动者的最低年龄,但我国法律并未对劳动者年龄的上限作出要求,同时也并未禁止用人单位招收达到法定退休年龄人员从事劳动,因此在界定该年龄段人员与用人单位间关系时,

---

❶ 中国裁判文书网:(2018)桂12民终420号。

并不是以年龄作为依据,而以是否领取退休金或者养老金作为依据。

我国现行养老保险制度分为基本养老保险、新型农村社会养老保险和城镇居民养老保险三种,其中基本养老保险具有强制性的特点,后两者则遵循自愿性原则。因此,在大多数的司法实践中,仍然认定领取新型农村社会养老保险和城镇居民养老保险的劳动者与用人单位之间存在劳动关系。

2.2.4 在校大学生

在校大学生与用人单位发生的用工关系,主要包括以下两种情况。

(1) 勤工俭学

勤工俭学是指在校大学生利用课余时间为用人单位提供一些专业性不强的简单劳动,如发放传单、校对稿件、推销产品等。此类劳动一般时间较短、用人单位也不固定,往往以"天""小时"结算报酬。

《关于贯彻执行〈中华人民共和国劳动法〉若干问题的意见》中指出,在校生利用业余时间勤工助学,不视为就业,未建立劳动关系,可以不签订劳动合同。双方间的关系不具备劳动关系的存在要件,双方也并不具有建立劳动关系的合意。因此,此类情形不能视为劳动关系,双方间的争议只能作为雇佣关系适用《中华人民共和国民法典》的相关规定。

(2) 实习

相对勤工俭学而言,实习时间相对较长,且工作单位固定,但大学生参与实习的动机在于获得实践锻炼机会而非工作的报酬,用人单位对于实习生的管理也与正式员工存在差别,因此,一般情况下,实习不能被认定为劳动关系。但是,在实习过程中如满足了劳动关系的构成要件,则应视为劳动关系。

[基本案情]

在校大学生在企业工作只能算实习吗?[1]

肖某系在校大学生,于 2016 年 7 月毕业,其于 2015 年 8 月 15 日通过

---

[1] 中国裁判文书网:(2016) 京 01 民终 7344 号。

招聘入职 A 公司，从事光盘制作的后期处理工作，双方未签订劳动合同，其在职期间每周工作 6 天，每天工作 8 小时。2016 年 4 月 18 日，A 公司以不再需要其岗位为由口头提出解除劳动关系。

A 公司称肖某为在校大学生，在其公司期间属于实习，双方之间不存在劳动关系。

肖某主张双方系劳动关系，并提供以下证据：①员工登记表；②员工入职流程表；③社会保险缴费记录查询；④解雇通知书；⑤考勤表；⑥工资收入证明。

[法院裁判]

根据肖某提交的证据，法院认定该公司具有与肖某长期建立劳动关系的意愿。该公司对肖某进行考勤管理、按固定周期及固定数额向肖某支付劳动报酬并且为其缴纳社会保险的行为均显示双方之间具有密切的人身隶属关系，符合劳动关系的基本要素和特征。因此，确认双方之间系劳动关系而非单纯实习关系，并综合双方陈述及证据提交情况确认双方于 2015 年 8 月 15 日至 2016 年 4 月 18 日期间存在劳动关系。

[案件解析]

《北京市高级人民法院、北京市劳动争议仲裁委员会关于劳动争议案件法律适用问题研讨会会议纪要（二）》中规定，在校学生在用人单位进行实习，应当根据具体事实进行判断，对完成学校的社会实习安排或自行从事社会实践活动的实习，不认定劳动关系。但用人单位与在校学生之间名为实习，实为劳动关系的除外。

一般情况下，在校大学生都已满 16 周岁，具备劳动者的主体资格，其与用人单位间的用工关系，并非以其是否毕业为界定标准，而要根据双方是否存在建立劳动关系的意愿以及是否具有劳动关系的基本要素进行判断。

2.2.5 建立多重劳动关系的人员

我国法律并未禁止多重劳动关系，劳动者可与多家用人单位签订劳动合同。用人单位不能因劳动者与其他用人单位建立劳动关系而免除自身的义务。

《最高人民法院关于审理劳动争议案件适用法律若干问题的解释（三）》第八条规定，企业停薪留职人员、未达到法定退休年龄的内退人员、下岗待岗人员以及企业经营性停产放长假人员，因与新的用人单位发生用工争议，依法向人民法院提起诉讼的，人民法院应当按劳动关系处理。

《中华人民共和国劳动合同法》第六十九条规定，从事非全日制用工的劳动者可以与一个或者一个以上用人单位订立劳动合同；但是，后订立的劳动合同不得影响先订立的劳动合同的履行。

另外，《中华人民共和国劳动合同法》第三十九条规定，劳动者同时与其他用人单位建立劳动关系，对完成本单位的工作任务造成严重影响，或者经用人单位提出，拒不改正的，用人单位可以解除劳动合同，这一表述表明，《中华人民共和国劳动合同法》实际上已经承认多重劳动关系。

根据劳动和社会保障部《关于实施〈工伤保险条例〉若干问题的意见》的规定，职工在两个或两个以上用人单位同时就业的，各用人单位应当分别为职工缴纳工伤保险费。职工发生工伤，由职工受到伤害时其工作的单位依法承担工伤保险责任。

2.2.6 外国人

根据《外国人在中国就业管理规定》，用人单位聘用外国人需为该外国人申请就业许可，经获准并取得《中华人民共和国外国人就业许可证书》后方可聘用。

外国人在中国就业需具备下列条件：

（一）年满18周岁，身体健康；

（二）具有从事其工作所必需的专业技能和相应的工作经历；

（三）无犯罪记录；

（四）有确定的聘用单位；

（五）持有有效护照或能代替护照的其他国际旅行证件。

2.3 劳动关系的认定

劳动关系是指用人单位（企业、个体经济组织、民办非企业单位等组织）与劳动者间，依法签订劳动合同，劳动者接受用人管理，在用人单位指挥下进行劳动，并从用人单位领取报酬的法律关系。

劳动关系的认定是劳动者与用人单位劳动争议处理的起点，只有在劳动关系的前提下，《中华人民共和国劳动合同法》《中华人民共和国劳动法》《工伤保险条例》《最低工资规定》等劳动法律法规才能得以适用。

2.3.1 劳动关系的认定标准

《中华人民共和国劳动合同法》和《中华人民共和国劳动法》中均未对劳动关系的认定作出明确的规定，在劳动关系管理实践中多以原劳动和社会保障部 2005 年颁布的《关于确立劳动关系有关事项的通知》第一条规定：用人单位招用劳动者未订立书面劳动合同，但同时具备下列情形的，劳动关系成立。（一）用人单位和劳动者符合法律、法规规定的主体资格；（二）用人单位依法制定的各项劳动规章制度适用于劳动者，劳动者受用人单位的劳动管理，从事用人单位安排的有报酬的劳动；（三）劳动者提供的劳动是用人单位业务的组成部分。

根据这一条规定，劳动关系的认定主要基于主体特征、从属性和劳动性质三个维度，具体而言，劳动关系的认定标准有以下四个方面[1]。

（1）涉及主体是否适格

用人单位和劳动者必须符合建立劳动关系的主体资格，关于两者的主体资格在本书前文中已有详细的阐述。《最高人民法院关于审理劳动争议案件适用法律若干问题的解释（二）》第七条第四、五、六款规定，下列纠纷不属于劳动争议：家庭或者个人与家政服务人员之间的纠纷；个体工

---

[1] 沈建峰. 论劳动关系的实践界定 [J]. 法律适用，2012（12）：89-93.

匠与帮工、学徒之间的纠纷；农村承包经营户与受雇人之间的纠纷。此条规定明确地将这三种关系排除在劳动关系之外。

（2）劳动者是否接受用人单位管理和指挥

劳动者接受用人单位的管理主要是指劳动者需要遵守用人单位制定的规章制度，如考勤制度、着装制度、行为规范等。在劳动关系管理实践中，劳动者遵守规章制度往往表现在其违反规章制度后受到的惩罚上，如"依据考勤确定工资""迟到一次，罚款50元""未佩戴工牌，罚款100元"等。

劳动者接受用人单位的指挥指劳动者在劳动过程中按照用人单位指令和标准而非个人意愿进行劳动。一般而言，在劳动关系中，劳动者的工作时间、工作地点、工作内容以及单位时间内的工作量均需依据用人单位的安排，不能根据自己的想法进行自由的安排。

（3）劳动者是否以工资形式获得劳动报酬

在劳动关系中，劳动者与用人单位存在经济上的从属关系，其劳动成果为用人单位带来收入，由用人单位对收入进行分配。

在现实中，这种经济上的从属关系一般会反映在劳动报酬的支付方式上，如劳动者获得的劳动报酬是"底薪""提成""补贴""奖金"等工资性收入，则可以视为两者间存在劳动关系。如劳动者没有底薪，而是按比例提成获得报酬或者是计件工资，在认定劳动关系时，则会产生争议，需考虑其他因素进行认定。

（4）劳动者的劳动条件是否由用人单位提供

劳动者作为用人单位的一员，将自身劳动力与用人单位提供的生产资料相结合，从而形成两者间的劳动关系。因此，劳动者是否在用人单位提供的劳动条件（如设备、车辆、工具等）下进行劳动是判断劳动关系的重要标准。在劳动关系管理实践中，那些由劳动者自行提供劳动条件的情况，往往不会被认定为劳动关系。

另外，劳动保护、报酬支付周期、劳动过程延续性等也是认定劳动关系的重要标准。

2.3.2 劳动关系认定的要素

《关于确立劳动关系有关事项的通知》第二条规定，用人单位未与劳动者签订劳动合同，认定双方存在劳动关系时可参照下列凭证：

（一）工资支付凭证或记录（职工工资发放花名册）、缴纳各项社会保险费的记录；

（二）用人单位向劳动者发放的"工作证""服务证"等能够证明身份的证件；

（三）劳动者填写的用人单位招工招聘"登记表""报名表"等招用记录；

（四）考勤记录；

（五）其他劳动者的证言等。

其中，（一）、（三）、（四）项的有关凭证由用人单位负举证责任。

除了该项规定中列出的内容外，以下材料也可以作为认定劳动关系的证据：

①工作过程性资料。如带有劳动者签名的工作记录单、入库单、出库单、报销单、借款单、业务台账、采购合同、销售合同以及发表在用人单位内部刊物、网站、APP、微信公众号上有关劳动者本人工作业务的表彰等。

②用人单位管理性文件。如用人单位发放的岗位职责说明书、薪资确认书、调岗通知书以及奖状、处罚文件等。

③视听资料。录音、录像等视听资料使用时，必须能够确定相关人员的身份，不能确认对方身份的，就不能证明与用人单位的关联性，证据就会失去作用。同时，录音、录像等视听资料涉及的主体，必须能够与双方劳动关系的建立存在相关性，一般为用人单位高层管理人员、人力资源部门的负责人或相关人员等。

④电子数据。如电子邮件、QQ 聊天记录、微信聊天记录、短信记录等证据。电子证据与视听资料一样，也需证明其涉及主体的相关性和真实性。

2019 年 10 月 14 日，最高人民法院关于修改《关于民事诉讼证据的若干规定》的决定中指出电子数据包括下列信息、电子文件：

（一）网页、博客、微博客等网络平台发布的信息；

（二）手机短信、电子邮件、即时通信、通讯群组等网络应用服务的通信信息；

（三）用户注册信息、身份认证信息、电子交易记录、通信记录、登录日志等信息；

（四）文档、图片、音频、视频、数字证书、计算机程序等电子文件；

（五）其他以数字化形式存储、处理、传输的能够证明案件事实的信息。

[基本案情]

微信聊天记录，能证明劳动关系吗？❶

曹某于2018年6月25日入职A公司，双方未签订书面劳动合同。工资发放不定时；2018年7月，A公司给曹某发放工资3 231元；2018年8月，A公司拖欠曹某工资2 634元；2018年9月1日至14日，A公司拖欠曹某工资1 100元。2018年9月14日，A公司让曹某放假。2018年11月9日，曹某提起仲裁，后诉至法院。

A公司对二者间的劳动关系予以否认。

[法院裁判]

曹某与A公司双方存在劳动关系，有曹某提供的微信聊天记录、工作照片、工资表、光盘、企业信息登记表等证据予以证明，劳动关系认定属实，A公司虽有异议，但未提供相应证据予以反驳，故法院认定曹某与A公司双方存在劳动关系。

[案件解析]

微信自2011年面世至今，已经在人们日常交流、资金转账、娱乐生活中得到广泛的应用，一些用人单位还将微信作为工作安排、员工管理、薪酬发放的工具。

劳动者与用人单位高管、本人直接上级、人力资源管理者的微信聊天

---

❶ 中国裁判文书网：(2018) 吉0193民初2133号。

记录、用人单位通过微信发送的考勤记录、微信支付工资的记录以及微信朋友圈分享的视频、照片等都会成为证明劳动关系的证据。用人单位的相关人员，应做好微信记录的保存，作为劳动争议处理的证据。

2.4 几种特殊关系的界定

2.4.1 网络主播

2016年被称为"中国网络直播元年"，截至2019年6月，我国网络直播用户（含主播和直播观众）规模达4.33亿，占整体网民的50.7%。2018年，全年新增主播200多万❶，网络主播已经成为一种新兴的职业。网络主播通过在平台上的主持、表演、宣传等活动获得相应的收益，其与直播平台间的关系比较复杂，需根据具体情况确定是否属于劳动关系。

目前，网络主播与直播平台间法律关系有以下两类：

①雇佣模式。网络主播为直播平台提供服务，服从直播平台的管理，直播平台向网络主播提供报酬。这种关系则属于劳动关系，适用劳动法律法规的相关规定。

②合伙分成模式。网络主播与直播平台之间签订协议约定分成比例，如"打赏分成""订单分成"等，在不侵害平台利益和国家法律允许范围内，网络主播的工作具有较高的自由度。这种关系则不属于劳动关系，应视为两个民事主体间的合作关系。

[基本案情]

主播与平台签订《合作协议》后仍被视为劳动关系。❷

2017年4月14日，A公司（甲方）与杜某（乙方）签订《主播独家

---

❶ 中国产业信息网. 2019年中国直播用户规模、直播平台特点及发展趋势分析. [EB/OL]. (2020-01-14) [2020-03-07] https://www.chyxx.com/industry/202001/829079.html.

❷ 中国裁判文书网：(2017) 苏0311民初4221号。

合作协议》一份，协议中约定如下内容：甲方为乙方作为甲方独家签约的网络主播提供物质条件支持；乙方同意根据甲方的要求，在某平台上进行直播活动，乙方了解并遵守某平台以及甲方对主播活动的相关要求及准则；本协议合作期限为三年，自 2017 年 4 月 14 日起至 2020 年 4 月 14 日止；乙方待遇由底薪和提成构成，具体根据乙方每月表现进行确定：底薪 3 000 元 + 提成；甲方不负责为乙方交纳任何社会保险；甲方仅需按本协议约定向乙方支付报酬，无须向乙方支付其他任何费用和福利；乙方每日直播时间不得少于 5 小时等。同时还约定（乙方）在违反协议后需向甲方作出的赔偿。

杜某在 A 公司处担任主播一个月后离开，A 公司与其多次协商无果，遂诉至法院。

[法院裁判]

法院认为，原、被告双方签订的《主播独家合作协议》虽名为合作协议，但根据该协议约定的内容，具备用人单位的名称、住所和法定代表人，劳动者的姓名、地址和居民身份证，以及劳动合同期限、工作内容和工作地点、工作时间、劳动报酬、社会保险等劳动合同应当具备的主要条款，故法院认为双方签订的协议应当认定为劳动合同，因履行该协议发生的争议应为劳动争议，应按劳动争议进行争议仲裁这一前置程序，对 A 公司的起诉予以驳回。

[案件解析]

本案的核心焦点在于网络主播与直播平台的关系是否为劳动关系，在劳动关系管理实务中应从以下两个角度对二者的关系进行判断，而非单纯地根据其所签订协议的名称进行判断。

①两者之间是否存在隶属关系。隶属关系是指劳动者与用人单位之间具有管理与被管理、监督与被监督、指挥与被指挥的人身依附关系。本案中，杜某根据 A 公司的要求进行直播活动，在直播时间、直播内容等方面均受到 A 公司的约束，其直播行为需要 A 公司实际意义上的指挥和管理，因此二者之间关系应属于劳动关系。

②两者之间是否存在经济从属关系。经济从属关系是指劳动者为用人

单位提供劳动，用人单位为劳动者提供报酬。本案中，由 A 公司为杜某提供直播的条件，直播活动带来的收入为 A 公司所有，A 公司为杜某提供底薪 3 000 元，并根据杜某的表现支付提成，杜某所获得的收入属于雇佣劳动收入，两者的关系应属于劳动关系。

劳动关系的界定，应从双方法律关系的实质出发，而非形式上的协议出发，由于本案中法院将双方的法律关系界定为劳动关系，双方在协议中约定的"甲方不负责为乙方交纳任何社会保险"的条款则会被视为无效约定，A 公司需为杜某缴纳社会保险。

2.4.2 外卖骑手

外卖骑手作为移动互联网时代的新生产物，给人们的生活带来巨大的便利。据美团发布的数据显示，2019 年，通过该平台获得收入的外卖骑手总数达到 398.7 万人，比 2018 年增长 23.3%。在外卖骑手数量持续增长的同时，外卖骑手成为交通事故高发群体❶。在发生交通事故后，外卖骑手与平台公司是否存在劳动关系是其工伤认定的基础。另外，两者之间法律关系的界定，还涉及社保缴纳、离职补偿等多项内容。

[基本案情 1]
外卖骑手用工关系的认定。❷

张某于 2017 年 5 月入职许昌 A 公司，成为外卖骑手。其工作地点并不在许昌，而是在上海，每个月底薪为 3 080 元（需达到公司规定的月出勤量），外加提成（按接单量计算）、罚款、补助等。张某开通了外卖 APP，许昌 A 公司则通过 APP 对张某每月的出勤天数进行考勤，并根据出勤情况按月向张某发放工资。2018 年 6 月，张某突然接到许昌 A 公司邮寄给他的空白劳动合同，让其签订，张某拒签，遂被公司开除。

---

❶ 毛一竹，毛鑫. 外卖小哥成交通事故高发群体. [EB/OL] (2020-09-15) [2020-12-15] http://www.xinhuanet.com//mrdx/2020-09/15/c_139368949.htm.

❷ 许昌市中级人民法院. 外卖骑手被解雇 索要双倍工资获支持. [EB/OL] (2019-04-30) [2020-12-15] http://www.hncourt.gov.cn/public/detail.php?id=177579.

2 劳动合同的签订

[法院裁判1]

根据张某提交的工作时用过的骑手APP截图、出勤记录、工资流水交易明细显示，2017年5月至2018年5月，张某为A公司的全职员工，A公司根据张某的出勤考核情况按月为张某发放工资，故张某与A公司之间形成管理与被管理的关系，双方虽然未签订书面的劳动合同，但是存在事实上的劳动关系。

[基本案情2]

外卖骑手用工关系的认定。[1]

周某注册了B众包平台，并在注册时阅读并同意了《某众包平台用户协议》，按照相关平台操作规则抢单送餐并获得配送费。

B众包平台为用户不提供固定工作地点或区域，不提供劳动工具，不支付基本工资（底薪），不要求用户必须接单，用户的报酬按商家或消费者付款后的每单金额计算提成，由平台支付至用户账户，用户通过提现转为可用现金。

2018年7月25日，周某在佳园路光谷创业街路口至玉兰路路口段发生交通事故后，要求确认其与B众包平台的劳动关系。

[法院裁判2]

B众包平台属于兼职平台，自然人均可自行注册，同意协议即可成为骑手，平台仅是在骑手和顾客之间提供信息撮合服务，与骑手之间不具有人身依附性，骑手可根据意愿随时抢单，也可随时终止抢单。

平台对骑手不进行用工方面的管理，不规定出勤时间，不分配工作任务，不限制抢单的时间、数量。虽然平台对骑手的顾客满意度、投诉等问题进行管理，但此属业务绩效方面的管理，是企业基于经营而必然采取的措施，而非劳动关系中的用工管理。因此，法院认为周某与B众包平台之间不存在事实劳动关系。

[案件解析]

两个案件的核心焦点在于，骑手与平台间是否属于劳动关系，外卖骑

---

[1] 中国裁判文书网：（2020）鄂01民终1206号。

手与平台公司间的法律关系需要根据实际情况进行具体判断。

情况1：劳动者通过应聘的方式进入平台公司，平台公司对其进行考勤、考核、分配任务等日常管理，并约定工资、奖金、福利等劳动报酬的支付方式。在这种情况下，平台公司与骑手之间存在人身依附性，属于管理和被管理的关系。如案例1中，张某"入职"A公司后，双方就底薪、提成、补助、罚款等内容进行了约定，A公司还对张某进行了考勤管理。另外，A公司向其邮寄空白劳动合同行为也表明A公司存在与张某签订劳动合同的意愿。因此，A公司与张某间的法律关系界定为劳动关系。

情况2：劳动者通过众包的平台注册成为一名骑手，根据平台公司提供的信息进行抢单，平台公司不对工作地点、工作时间、基本工作量等进行要求。骑手的收入并非来源于平台公司而是消费者付款后的每单金额的提成，由平台支付至骑手账户，骑手可以提现。在这种情况下，骑手与平台公司间属于合作关系，并不接受平台公司的指挥与管理，双方间的法律关系不能界定为劳动关系。如案例2中，周某与B公司间的关系。

2.4.3 出租车司机

一般情况下，出租车司机与出租车公司之间签订的协议有两种，一是劳动合同，二是承包/租赁合同。第一种情况下，出租车司机与公司之间构成明确的劳动关系，其界定清晰且有硬核的劳动合同支撑。第二种情况下，出租车司机与公司签订承包/租赁合同，并支付相应的费用，即通俗所讲的"车份儿"，一般而言，这种经营模式下出租车司机与出租车公司间的法律关系也应界定为劳动关系。其主要理由有以下三个方面：

①出租车司机与出租车公司间存在隶属关系。出租车公司负责对出租车司机进行安全行驶、交通法规等方面的培训，并对出租车司机的着装、语言以及汽车内部环境等进行了统一的制度要求和处罚规定。虽然，出租车司机与出租车公司签订的是承包/租赁协议，但事实上需接受出租车公司的管理和指挥，并非具有高度自由的承包人。

②出租车司机对出租车公司存在经济上的从属关系。从表面上看，出租车司机可以自主安排劳动时间（不需要进行考勤）和工作地点（不需根据公司安排搭载乘客），但其所付出的出租车承包费用使其不能选择不提供劳动。通过承包经营权而获得的工作是其获得收入的来源，如果出租车司机当日的收入无法覆盖承包车辆产生的费用，则会产生"亏损"，因此出租车司机与公司之间存在经济上的从属关系。

③从相关部门法律、法规和政策上可以看出，相关部门一直强调出租车公司按照劳动关系来规范与出租车司机间的权利与义务。

国务院办公厅《关于进一步规范出租汽车行业管理有关问题的通知》中指出，"出租汽车企业必须依法与司机签订劳动合同，并向司机详细解释合同的主要条款"，"出租汽车企业要依法参加社会保险，按照国家规定为司机按时、足额缴纳基本养老、基本医疗、失业等保险费"。

北京市高级人民法院、北京市劳动争议仲裁委员会《关于劳动争议案件法律适用问题研讨会会议纪要（二）》中指出，"出租车公司与司机签订的承包合同、劳动合同期满后，出租车公司对车辆进行更新，承包金在市政府规定的标准内作相应调整的，劳动者不同意续订劳动合同，并以用人单位降低劳动合同条件为由，要求用人单位应支付终止劳动合同经济补偿金的，应视为出租车公司维持原劳动合同约定的条件与劳动者续订劳动合同，劳动者不同意续订的，不应支付其终止劳动合同经济补偿金。"

[基本案情]

出租车二驾行驶过程中坠河，被认定为工伤。❶

吕某与 A 公司签订《出租车全额租赁承包经营合同》，该合同约定：吕某通过支付车辆全额租金的方式获得公司苏 F×××××出租车辆使用权，A 公司拥有该车所有权和管理权；吕某可自行选择代班驾驶员 1 名，该驾驶员必须符合 A 公司的规范要求，并与 A 公司签订代班合同。

吕某在与 A 公司签订合同后，找到王某担任代班驾驶员（俗称"二驾"），A 公司专门为王某办理了汽车驾驶员服务卡。王某在驾驶该车途中

---

❶ 孟亚生. 岂能用《经济合同》规避《劳动合同》——倔强打工妹改写出租车司机与出租车公司无劳动关系的历史 [J]. 安全与健康, 2012 (16)：20-22.

坠入河中身亡，其妻就王某与A公司劳动关系确认一事提起仲裁，后诉至法院。

[法院裁判]

出租车司机相对于出租车公司在人格上、组织上、经济上有一定的从属性，二者之间符合劳动关系的特征。建设部、交通部、财政部、国家计委、公安部2002年2月20日发布的《关于进一步加强城市出租汽车行业管理工作的意见》第四条第三项规定，各地经营企业应与驾驶员签订劳动和经济合同，并向驾驶员告知合同的主要条款。各城市可结合实际情况推行示范合同。企业应按国家有关规定为驾驶员及时、足额地缴纳养老、医疗、失业等社会保险金。

[案件解析]

出租车司机与出租车公司签订的《经营合同》并不能改变两者间的用工事实，《经营合同》只是出租车公司对从业人员实施管理的途径，并不能取代劳动合同。

2.4.4 网约车与平台之间

共享经济时代的到来，颠覆了传统经营形态，网约车作为一种新的服务模式正在不断地占领传统的出租车市场。网约车司机不同于以"车份儿"获得出租车公司经营权的出租车司机，其工作灵活性更强、从属性更弱，再加上大量兼职"接单"司机的存在，使网约车与平台之间劳动关系的界定变得非常复杂。

目前，关于网约车司机和平台之间最为直接法律文件为《网络预约出租汽车经营服务管理暂行办法》，其中第十八条规定，网约车平台公司应当保证提供服务的驾驶员具有合法从业资格，按照有关法律法规规定，根据工作时长、服务频次等特点，与驾驶员签订多种形式的劳动合同或者协议，明确双方的权利和义务。网约车平台公司应当维护和保障驾驶员合法权益，开展有关法律法规、职业道德、服务规范、安全运营等方面的岗前培训和日常教育，保证线上提供服务的驾驶员与线下实际提供服务的驾驶

员一致,并将驾驶员相关信息向服务所在地出租汽车行政主管部门报备。❶

该办法规定网约车司机与平台之间可以签订"劳动合同"或"协议",也就是说并未强制要求两者间必须签署劳动合同。从现实情况看,一些兼职司机与其他单位建立劳动关系,仅在下班或周末从事"接单"活动,本身也并不具有与平台公司签订劳动合同的意愿。因此,对于双方是否存在劳动关系,需根据平台对网约车司机的管理属性、网约车司机的收入方式、网约车司机的工作自由度等多方面因素进行具体的判断。

2.5 劳动合同的签订过程

《中华人民共和国劳动合同法》第十条规定,建立劳动关系,应当订立书面劳动合同。已建立劳动关系,未同时订立书面劳动合同的,应当自用工之日起一个月内订立书面劳动合同。用人单位与劳动者在用工前订立劳动合同的,劳动关系自用工之日起建立。

《中华人民共和国劳动合同法》第八十二条规定,用人单位自用工之日起超过一个月不满一年未与劳动者订立书面劳动合同的,应当向劳动者每月支付二倍的工资。

2.5.1 口头劳动合同

根据我国法律规定,口头协议是当事人双方合同形式中一种重要的表现形式。《中华人民共和国民法典》第四百六十九条规定,当事人订立合同,可以采用书面形式、口头形式或者其他形式。《中华人民共和国民法典》第一百三十五条规定,民事法律行为可以采用书面形式、口头形式或者其他形式;法律、行政法规规定或者当事人约定采用特定形式的,应当采用特定形式。

《中华人民共和国劳动合同法》第六十九条规定,非全日制用工双方

---

❶ 李峰. 分享经济背景下劳动关系探析——以网约车为例 [J]. 中国劳动, 2017 (1): 13-17.

当事人可以订立口头协议。因此，用人单位可以与非全日制劳动者签订口头协议，用以确认双方的权利义务关系。

2.5.2 劳动者代签劳动合同

在劳动关系管理实践中，由于时间、地点、劳动方式等原因会发生劳动合同代签的情况，特别是在续签劳动合同时，一些在异地工作的劳动者会请同事帮忙代签劳动合同。代签劳动合同并非劳动者本人签字，劳动者与用人单位可能会就劳动合同真实性产生争议。

[基本案情]

无法证明代签劳动合同，被法院认为劳动合同无效。❶

2016年1月4日，秦某入职A公司，约定秦某任业务员一职，工作期限自2016年1月4日至2019年1月3日。2019年2月15日，A公司向秦某送达《终止劳动合同通知书》，注明2019年1月29日医疗期满后，秦某未有任何回复，亦未有按时返岗，因双方的劳动合同期限已届满，视为秦某自动离职。

秦某就双方是否签订劳动合同事项申请仲裁，后诉至法院。

法院经法定程序选取辽宁大学司法鉴定中心对劳动合同上秦某的签字进行笔迹鉴定。该鉴定中心的鉴定意见为，检材第7页乙方（签字或盖章）栏内的"秦某"不是秦某本人书写。法院组织双方当事人对鉴定意见书进行了质证，双方对真实性均无异议。

[法院裁判]

法院认为劳动合同并非秦某本人签字，故据此可以认定双方并未签订书面劳动合同。法院在判决书中指出：用人单位虽然与劳动者签订劳动合同但并非劳动者本人签字等情形应视为未签订劳动合同，除非用人单位能够举证证明劳动者同意由他人代签劳动合同或者劳动者恶意规避签订劳动合同。另外，虽然用人单位将劳动合同备案并为劳动者缴纳了社会保险

---

❶ 中国裁判文书网：(2020) 辽01民终110号。

费，但并不能因此就免除用人单位应与劳动者签订劳动合同的法定义务。

[案件解析]

根据《中华人民共和国民法典》第一百七十一条的规定，行为人没有代理权、超越代理权或者代理权终止后，仍然实施代理行为，未经被代理人追认的，对被代理人不发生效力。如果用人单位能够证明代签劳动合同是劳动者真实意思的表达，则认为双方签订了劳动合同。如果用人单位无法证明代签的劳动合同是出于劳动者本人的意愿，即使用人单位和劳动者已经履行了合同约定的内容，如记录考勤、安排工作、发放薪酬以及缴纳社保等，代签的劳动合同仍会被视为无效的。

在劳动关系管理实务中，如用人单位需要劳动者代签劳动合同，最为稳妥的办法是要求劳动者出具带有本人签字的代签劳动合同授权书。另一种情况是用人单位能够证明，虽然未经劳动者授权，但用人单位事后把他人代签的劳动合同文本交给劳动者，劳动者予以追认者未提出异议的[1]。

2.5.3　劳动者拒签劳动合同

劳动者与用人单位建立劳动关系后，双方均有义务签订书面劳动合同，如出现劳动者拒签劳动合同的情况，用人单位应及时采取措施加以应对。《中华人民共和国劳动合同法实施条例》对于劳动者拒签劳动合同的情况，作出了如下规定：

第五条　自用工之日起一个月内，经用人单位书面通知后，劳动者不与用人单位订立书面劳动合同的，用人单位应当书面通知劳动者终止劳动关系，无须向劳动者支付经济补偿，但是应当依法向劳动者支付其实际工作时间的劳动报酬。

第六条　用人单位自用工之日起超过一个月不满一年未与劳动者订立书面劳动合同的，应当依照劳动合同法第八十二条的规定向劳动者每月支付两倍的工资，并与劳动者补订书面劳动合同；劳动者不与用人单位订立

---

[1] 《工友》编辑部. 他人代签的劳动合同是否有效？[J]. 工友，2020（7）：20-21.

书面劳动合同的，用人单位应当书面通知劳动者终止劳动关系，并依照劳动合同法第四十七条的规定支付经济补偿。

由此可见，如出现劳动者拒签劳动合同的情况，自用工之日起一个月内，在用人单位书面通知后，劳动者仍不与用人单位签订劳动合同的，用人单位可以通过书面通知的方式与劳动者终止劳动关系，无须向劳动者支付经济补偿，但是应当向其支付这期间的劳动报酬。如用工时间超过一个月，用人单位也可书面通知劳动者解除劳动合同，但需要作出补偿。

［基本案情］

自愿不签劳动合同，反诉企业。[1]

朱某于 2013 年 4 月 26 日入职 A 公司。朱某书面向公司申请因与原单位交涉等原因不愿订立书面劳动合同。2013 年 5 月 22 日，A 公司再次书面通知，朱某也再次书面表示不愿订立劳动合同。2013 年 12 月 5 日，朱某突然收到公司签发的不再录用书面通知。

朱某认为公司单方面突然终止劳动关系，应按法律规定支付劳动者应得补偿，主张公司应向其支付未签订书面劳动合同的双倍工资、代通知金、经济补偿金等。

［法院裁判］

从双方之间的实际情况来看，A 公司多次要求朱某签订劳动合同，朱某表示因与原单位交涉而不签合同，不签合同的原因在于朱某，A 公司终止劳动关系符合法律规定，无须支付双倍工资。故朱某再行要求 A 公司给付加班工资、经济补偿金等没有依据，对朱某的诉讼请求，法院不予支持。

［案件解析］

本案的焦点在于用人单位能否证明其多次要求劳动者签订劳动合同，最终由于劳动者个人的原因导致劳动合同无法签订，为了避免劳动者拒签劳动合同给用人单位带来损失，用人单位应该注意以下几个问题：

①劳动者入职后，明确签订劳动合同的签订时间，如"请于××日到

---

[1] 中国裁判文书网：(2014) 通中民终字第 2288 号。

本公司人力资源部签订劳动合同"。

②如劳动者入职后提出种种理由拒签劳动合同,用人单位应及时向其发放书面通知,告知其签订劳动合同的最终日期"请于××日之前与本公司签订劳动合同,如到期仍不签订,本公司将终止劳动合同"。用人单位在此期间要保留好催办劳动者签订劳动合同的证据,以便未来发生劳动争议时使用,如要求其在催办文件上签字确认、在公司内部网络上确认签收等。

③如劳动者在规定期限内仍未与用人单位签订劳动合同,用人单位可依据《中华人民共和国劳动合同法实施条例》中的规定与之解除劳动合同,但最好在劳动者入职之后一个月之内,否则将会面临着经济补偿金的赔付。

2.6 劳动合同约定的内容

2.6.1 劳动合同必备条款

《中华人民共和国劳动合同法》第十七条规定,劳动合同应当具备以下条款:

(一)用人单位的名称、住所和法定代表人或者主要负责人;

(二)劳动者的姓名、住址和居民身份证或者其他有效身份证件号码;

(三)劳动合同期限;

(四)工作内容和工作地点;

(五)工作时间和休息休假;

(六)劳动报酬;

(七)社会保险;

(八)劳动保护、劳动条件和职业危害防护;

(九)法律、法规规定应当纳入劳动合同的其他事项。

《中华人民共和国劳动合同法》第十七条规定,劳动合同除前款规定的必备条款外，用人单位与劳动者可以约定试用期、培训、保守秘密、补充保险和福利待遇等其他事项。

2.6.2 劳动合同中的无效内容

《中华人民共和国劳动合同法》第二十六条规定，下列劳动合同无效或者部分无效：

（一）以欺诈、胁迫的手段或者乘人之危，使对方在违背真实意思的情况下订立或者变更劳动合同的；

（二）用人单位免除自己的法定责任、排除劳动者权利的；

（三）违反法律、行政法规强制性规定的。

对劳动合同的无效或者部分无效有争议的，由劳动争议仲裁机构或者人民法院确认。

用人单位在与劳动者签订劳动合同时，需要遵守我国法律法规的相关规定，同时一些显失公平的条款也会被视为无效约定。从劳动关系管理实践看，目前劳动合同中的无效约定主要集中在以下三类：

①违反劳动法律法规的条款。我国的劳动法律法规对于劳动合同签订、劳动合同变更、劳动合同解除、试用期管理、违约金管理、保险缴纳等事项都作出了具体规定，劳动合同中的内容不得与之相违背。如用人单位在劳动合同中设置"试用期随时解除劳动合同""工伤责任自负""无条件服从加班要求""自愿放弃社保""一旦离职，缴纳违约金×万元"等条款将会面临法律风险。

②违反其他法律法规的条款。劳动合同约定的内容不得侵害劳动者的基本权利，如婚姻自由、个人隐私、生育权等。一些女性员工比较多的用人单位，在劳动合同中约定"××年内不结婚""××年内不生育"。《中华人民共和国妇女权益保障法》第二十三条规定，各单位在录用女职工时，应当依法与其签订劳动（聘用）合同或者服务协议，劳动（聘用）合同或者服务协议中不得规定限制女职工结婚、生育的内容；第五十一条规定，妇女有按照国家有关规定生育子女的权利，也有不生育的自由。因

此，用人单位的类似规定是对女职工生育权利的干涉和侵犯，是无效条款。

③排除劳动者权利的约定。劳动合同中一些排除劳动者权利的"霸王"条款也会被视为无效条件，如"员工必须无条件服从上级命令，不得顶撞""员工必须无条件服从用人单位的工作安排"等。

[基本案情]

损失全由司机承担合理吗？❶

2011年，张某进入A公司当客车驾驶员，每月工资为1 500元，半年后的一天上午，张某接完所有的员工到单位后，返回停车场时与驾驶摩托车的胡某相撞，造成胡某及乘客王某死亡，交通部门认定双方各负同等责任。

胡某和王某的继承人针对赔偿提起诉讼。

A公司出示与张某签订的《驾驶员聘用合同》，其中有一条为"如违反交通法规及张某原因造成的损失，由张某承担，公司不予负责"。即使公司被责令承担责任，也有权全额向张某追偿。

张某主张这一条款A公司是推卸责任，应为无效条款。

[法院裁判]

法院认为，劳动者因本人原因给用人单位造成经济损失的，用人单位可以与劳动者约定赔偿责任，但"约定"不能全部免除用人单位的责任。此案中，张某是A公司聘用的客车驾驶员，这个岗位本来就有高风险的特性。A公司设计的这一条款，将自身承担的风险完全转移给司机，法院判定，有关损失全部由张某承担的约定应为无效。最终法院兼顾张某的实际收入，判定其赔偿公司的数额为其年收入的30%，总共5 000多元。

[案件解析]

《工资支付暂行规定》第十六条规定，因劳动者本人原因给用人单位造成经济损失的，用人单位可按照劳动合同的约定要求其赔偿经济损失。经济损失的赔偿，可从劳动者本人的工资中扣除。但每月扣除的部分不得

---

❶ 赵兴武，李钰，民五."损失全由司机承担"劳动合同条款被判无效[N].人民法院报，2013-05-29.

超过劳动者当月工资的20%。若扣除后的剩余工资部分低于当地月最低工资标准，则按最低工资标准支付。

《工资支付暂行规定》中对于"劳动合同的约定要求"的赔偿方式没有进行明确规定，在劳动关系实务中需根据发生损失时劳动者的责任归属、过失程度以及其实际的薪酬水平等方面因素确定。用人单位作为财产的所有者，享有财产带来的收益，理应承担财产损失带来的风险，如果将财产损失的风险无条件地转移到劳动者身上，这对处于相对弱势地位的劳动者而言，则显失公平。

2.6.3 如何约定调岗

用人单位劳动者的岗位进行调整，分为约定调岗和法定调岗两种情况。法定调岗是指用人单位无须经过劳动者同意即可对劳动者进行调岗。法定调岗一般包括以下两种情况：《中华人民共和国劳动合同法》第四十条规定，用人单位提前三十日以书面形式通知劳动者本人或者额外支付劳动者一个月工资后，可以解除劳动合同：（一）劳动者患病或者非因工负伤，在规定的医疗期满后不能从事原工作，也不能从事由用人单位另行安排的工作的；（二）劳动者不能胜任工作，经过培训或者调整工作岗位，仍不能胜任工作的。

约定调岗是指劳动者和用人单位事先约定一定的条件，在条件达成时会对劳动者的岗位进行调整，其本质上双方协商一致调整岗位。对于预定调薪的情形，《中华人民共和国劳动合同法》中并未作出明确的规定，但一些地方性法规给出了相应的指引。

《北京市高级人民法院、北京市劳动人事争议仲裁委员会关于审理劳动争议案件法律适用问题的解答》中规定，用人单位与劳动者约定可根据生产经营情况调整劳动者工作岗位的，经审查用人单位证明生产经营情况已经发生变化，调岗属于合理范畴，应支持用人单位调整劳动者工作岗位。

《广东省高级人民法院、广东省劳动人事争议仲裁委员会关于审理劳动人事争议案件若干问题的座谈会纪要》规定，用人单位调整劳动者工作岗位，同时符合以下情形的，视为用人单位合法行使用工自主权，劳动者以用人单位擅自调整其工作岗位为由要求解除劳动合同并请求用人单位支付经济补偿的，不予支持：

（一）调整劳动者工作岗位是用人单位生产经营的需要；

（二）调整工作岗位后劳动者的工资水平与原岗位基本相当；

（三）不具有侮辱性和惩罚性；

（四）无其他违反法律法规的情形。

[基本案情]

总监变前台，用人单位被认定为侮辱性调岗。[1]

陶某2006年12月14日入职A公司，担任信息管理中心总监。2019年4月9日至2019年6月4日，A公司曾安排陶某的直属领导李某、人力资源中心的相关人员前后分10次与陶某商谈解除劳动关系的事宜，因双方未能协商一致，A公司将陶某调至8楼前台工作，取消了陶某的打印机使用权限，搬走其办公电脑。陶某在明确拒绝调岗的情况下，A公司仍以其事实行为拒绝为陶某提供劳动条件。2019年6月14日，陶某通过邮政快递的方式向A公司处邮寄了一份《关于要求支付赔偿金的律师函》。

陶某主张，A公司以事实行为解除双方的劳动关系。

[法院裁判]

A公司将陶某的职位由信息管理中心总监降级为普通员工，将陶某的办公地点从办公室调整到8楼梯大厅的前台位置，虽陶某调岗后的待遇保持不变，但该调岗行为明显具有侮辱性和惩罚性。因此，A公司对陶某进行的岗位调整违反了法律规定。

A公司应支付违法解除劳动合同赔偿金262 665元。

[案件解析]

本案例焦点在于用人单位的调岗是否合理。用人单位可以与劳动者对岗位调整进行事先约定，但在岗位调整时必须给出理由证明是出于用人单位生产经营的需要，且所调整的岗位不具有侮辱性和惩罚性。一些用人单

---

[1] 中国裁判文书网：（2019）粤0307民初19465号。

位试图通过调岗，将劳动者置于尴尬境地，从而使其主动离职的行为，将会给企业带来较大的劳动风险。

2.6.4 如何约定工作地点

工作地点是劳动合同的履行地，即劳动者与用人单位之间发生劳动关系的具体地理位置。在劳动关系管理实践中，与工作地点相关的劳动争议主要出现在劳动合同约定的劳动地点是否合理以及约定基础上用人单位调整劳动者工作地点的行为是否合理。除此之外，工作地点还涉及劳动者社保缴存政策、最低工资水平、劳动争议管辖等问题。

[基本案情]

工作地点约定为全国后，企业就可随意安排工作地点吗？❶

李某于2012年3月7日入职A公司，在A公司湖南办事处任行政专员，月工资3 000元，双方签有《劳动合同书》一份，约定：固定期限自2012年6月12日至2015年6月11日；工作地点为全国。

2014年1月9日，A公司在湖南办事处因故撤销，A公司通知李某到北京工作，双方就此未能协商一致发生纠纷，李某未再为A公司提供劳动。2014年3月7日，A公司以李某长期旷工，违反了员工手册及劳动合同的约定为由，向李某寄送了解除劳动合同通知书。

[法院裁判]

虽然双方劳动合同约定工作地点是全国，但李某系湖南籍，入职时工作地点亦在A公司的湖南办事处；A公司在湖南的办事处因故于2014年1月撤销，A公司要求李某到北京工作，此属于双方劳动合同订立时所依据的客观情况发生重大变化，致使劳动合同无法履行，双方就此未能协商一致，A公司应向李某支付解除劳动合同的经济补偿金。

[案件解析]

本案的焦点在于用人单位将工作地点约定为"全国"后，能否直接调

---

❶ 中国裁判文书网：（2014）三中民终字第15908号。

整劳动者的工作地点。一些在业务地理跨度较大的公司，为了便于在全国范围进行人员的调配，在劳动合同中与劳动者约定工作地点为"全国"。从本案可以看出，虽然双方约定全国为劳动地点，但在出现工作地点的调整时，用人单位仍需给出合理的理由，并与劳动者进行协商。在劳动关系管理实务中，用人单位在与劳动者约定劳动地点时应注意以下三点内容：

①明确约定工作地点。工作地点是《中华人民共和国劳动合同法》第十七条中规定的劳动合同必备性条款，用人单位必须在劳动合同中对其加以明确，如用人单位采用"工作地点：根据公司业务发展需要确定""工作地点：根据公司具体安排确定"等模糊性的语句，则会被仲裁机构或者法院视为无效条款。

②合理确定工作地点涉及的范围。工作地点的涉及范围不宜过宽，如案例中提到的"全国"；不宜过窄，如"××市××区××路××号××大厦××号"。这种情况下一旦用人单位的工作场地发生迁移，则会被视为变更劳动合同的内容，一般应将工作地点约定为"本公司所在的××（省）市内"则比较合理。

③明确工作地点的变动去向。对于一些确实需要变动工作地点的用人单位而言，可以事先在劳动合同中与劳动者约定其未来工作地点的调整去向，以体现劳动合同的合议原则。如用人单位可以与劳动者约定"本公司因业务需要可以对乙方（劳动者）的工作地点进行调动，乙方同意调往以下地点工作：A省A市、B省B市、C省C市……"，由于双方在劳动合同中进行事先约定，用人单位在进行跨区域的工作调配时就具有了合法性。

2.6.5　如何约定工作内容

工作内容是劳动者劳动合同履行的具体指向，在劳动关系实践中，工作内容约定的合理性与"劳动者不能胜任工作""劳动者不服从工作安排""劳动者拒不工作""劳动者旷工"等劳动争议存在较大的关联。在工作内容约定中，用人单位应注意以下四个方面的问题。

(1) 明确约定工作内容

工作内容与工作地点一样，也是《中华人民共和国劳动合同法》规定的劳动合同必备条款，因此必须在劳动合同中进行明确的约定，不能采用"工作内容：员工入职后由公司统一安排""工作内容：公司产品策划相关工作""工作内容：公司根据业务需要进行确定"等模糊性的描述。

(2) 通过岗位说明书明确工作内容

用人单位可以通过岗位说明书明确劳动者的工作对象、工作要求、内部外部沟通对象、工作考核标准等内容，并要求劳动者对其自身的岗位说明书进行签字确认，以达到双方合意的效果，避免今后产生争议。

(3) 采用兜底性条款

对于一些难以预见的工作内容，用人单位往往会采用"配合××部门开展××工作""支持××部门开展××工作""上级领导安排的其他临时性工作"等条款对其进行约定，以保证未来工作安排的灵活性。但在使用该条款时用人单位应谨慎处理，如果操作不当，仍会给用人单位带来劳动风险。

(4) 注意临时性工作安排

在劳动关系管理实践中，用人单位会根据自身工作的需要，对劳动者的工作进行临时性的调动，从而引发双方关于工作内容的劳动争议，如以下案例：

甲与 A 公司签订了为期两年的劳动合同，约定了工作岗位及地点。A 公司《员工手册》规定："员工拒绝完成指派的工作，不服从上级主管的指示，公司将对其进行书面警告"；"一年内累计两次书面警告，公司将视为严重违反公司规章制度解除合同"，该《员工手册》经劳动者签字确认。A 公司向甲下达《工作任务指派书》，将其安排到其下属分公司从事临时性的工作任务，双方劳动关系不变（即不变更劳动合同的主体），甲予以拒绝，A 公司遂在对其书面警告无果后，以"不服从工作安排，严重违反规章制度"为由与甲解除劳动合同。甲认为 A 公司解除劳动劳动的行为，于法无据，遂提起仲裁。❶

---

❶ 吴艳. 劳动者拒绝"临时性"工作安排的法律后果分析 [J]. 牡丹江大学学报，2012，21 (11)：11-13.

顾名思义,"临时性"工作是属于劳动者工作过程中的非常态工作,其延续时间不能过长。如某公司安排员工"临时担任出纳工作,工作时间自 2021 年 1 月 1 日至 2022 年 1 月 1 日",这显然就与临时性相违背。另外,用人单位安排的工作频率不宜过高、工作量不宜过大,否则也可能会被视为劳动合同内容的调整。案例中,用人单位安排劳动者赴分公司工作,其工作地点已发生了改变,因此应视为劳动合同的变更,而并非临时性的工作安排。

2.7 试用期管理

2.7.1 什么是试用期

试用期作为劳动合同期限的一部分,是用人单位与劳动者相关了解、相互考察的阶段。《中华人民共和国劳动合同法》第十九条规定,试用期包含在劳动合同期限内。劳动合同仅约定试用期的,试用期不成立,该期限为劳动合同期限。并非所有的劳动关系都可以约定试用期,根据《中华人民共和国劳动合同法》第十九条、第七十条的规定,以下情况不得约定试用期:

①以完成一定工作任务为期限的劳动合同;
②劳动合同期限不满三个月的劳动合同;
③非全日制用工。

这三种用工状态一般持续时间较短且不稳定,如果在这种短时间的劳动合同上再约定试用期的话,则对于劳动者有失公平。

在劳动关系管理实务中,特别是在一些事业单位和国有企业中,试用期的概念往往会和见习期的概念相混淆,从而给用人单位带来劳动风险。

见习期是计划经济时期院校"包分配"体制下的制度,1957 年国务院颁发的《关于高等学校和中等专业学校毕业生在见习期间的临时工资待遇的规定》中规定,国家为了更好地加强锻炼和合理地使用高等学校和中等专业学校的毕业生，每个毕业生在工作初期都必须有至少一年的见习时期，在见习期内不评定正式工资，只发给临时工资。

教育部、国家计划委员会、国家人事局于1981年联合颁发的《高等学校毕业生调配派遣办法》第二十六条规定，毕业生到达工作岗位后，实行一年见习的制度。见习期满后，经所在单位考核合格的转正定级。考核不合格的，可延长见习期半年到一年，延长见习期仍不合格的，按定级工资标准低一级待遇。

随着国家有关高等学校毕业生就业制度的改革，该办法有关规定已与国家现行有关人事管理政策和劳动合同法的规定不一致，2009年5月该项办法废止，实际已不执行。目前，一些用人单位出于管理习惯、组织文化的影响，仍会与劳动者约定见习期。

虽然从用人单位的视角来看，见习期与试用期均是对劳动者工作能力、工作态度的考核阶段，但两者仍存在较大区别❶。

①期限不同。见习期一般为一年以上；试用期的约定期限与劳动合同期限有关，最长不得超过六个月，用人单位与劳动者双方也可以不约定试用期，同时我国法律还规定了不得约定试用期的情况。

②适用对象不同。从见习期相关的规定中可以看出，见习期只适用于大中专毕业生，是其转正之前制定的考核期限；试用期适用于用人单位招聘的所有人员，包括应届毕业生和社会招聘人员。

③双方权利不同。试用期中用人单位与劳动者的权利是对等的，劳动者提前三日告知用人单位后解除劳动关系，用人单位可以以试用期不符合录用条件为由与劳动者解除劳动关系。见习期中的权利是单向的，如果单位认为毕业生在见习期内不合格，可以延长见习期，或者作出辞退处理。

④法律效力不同。关于试用期约定期限、薪酬支付等内容，《中华人民共和国劳动合同法》中已有明确的规定。见习期相关法律的废止后，用人单位规定的见习期已经成为用人单位与劳动者的约定条款，按照"法定

---

❶ 程新桐. 试用期与见习期的区别，你知道吗？ [J]. 中国卫生人才，2019 (12)：33-36.

大于约定"的原则，见习期所涉及的相关规定不得与我国现行的劳动法律法规相违背。

[基本案情]

签订见习协议，算劳动关系吗？❶

2017年7月，伍某大学毕业，因尚未取得执业医师资格，无法从事执业医师工作，为考取执业医师资格证从事执业医师工作，自愿到A医院单位接受有关临床医疗实践的培训。为明确见习培训期间双方的权利义务，经充分协商，双方于2017年7月5日签订了《A医院新毕业见习期协议》（以下简称《见习协议》），《见习协议》约定："甲方同意乙方取得相应的执业资格后，安排乙方在甲方临床科室从事临床医疗工作"，"乙方培训学习期间，甲方为其购买人身意外险1份，甲方每月支付乙方生活津贴本科生以上1 600元"。伍某后经医院培训，在见习培训期间取得了执业医师资格证，但取得执业医师资格证后，未按上述约定在A医院注册执业医师，于2018年8月15日离开A医院。在此期间，A医院已实际支付给其生活津贴及其他津贴共计27 299.8元。伍某离开后，A医院曾多次与其沟通，希望伍某能继续履行《见习协议》或者全部返还A医院已支付给其的生活津贴，但均遭到伍某拒绝。A医院遂诉至法院。

[法院裁判]

A医院虽与伍某订的是《A医院新毕业见习期协议》，但双方之间建立的是劳动关系，理由如下：首先，A医院与伍某均符合法律规定的主体资格；其次，伍某在A医院指定的有执业医师资格的医生指导下从事相关工作系A医院的业务组成部分；再次，伍某在工作中接受A医院的管理；最后，在伍某工作后，A医院按月向伍某支付了工资，并还不定时向伍某发放过津贴及绩效。上述事实表明A医院与伍某之间系劳动关系，本案应为劳动争议纠纷，适用仲裁前置原则，遂驳回A医院的起诉。

[案件解析]

本案的焦点在于伍某与A医院间是否存在劳动关系，通过法院的裁决

---

❶ 中国裁判文书网：(2019) 桂0323民初1126号。

可以看出，法院是从两者间实际的用工事实判断其法律关系，其所签订的《见习协议》不能凌驾于劳动法规之上。用人单位在与劳动者签订《见习协议》时，也要遵循劳动法律法规的规定，"见习期工资低于当地最低工资水平"，"见习期内不为劳动者缴纳社保"，"见习期内用人单位可以随时解除劳动合同"等规定均会被视为违法条款。

2.7.2　试用期约定的期限

《中华人民共和国劳动合同法》第十九条规定，劳动合同期限三个月以上不满一年的，试用期不得超过一个月；劳动合同期限一年以上不满三年的，试用期不得超过二个月；三年以上固定期限和无固定期限的劳动合同，试用期不得超过六个月。同一用人单位与同一劳动者只能约定一次试用期。

《中华人民共和国劳动合同法》规定用人单位只能与员工约定一次试用期，是为了避免用人单位多次与员工约定试用期的情况。如果劳动者离职后又重新入职该单位，或是劳动者的岗位发生了变化，用人单位能否与劳动者再次约定试用期呢？

[基本案情]

离职半年后又入职，需要约定试用期吗？[1]

A 公司与潘某于 2014 年 4 月 24 日建立劳动关系，潘某在 A 公司单位担任冲压作业员一职，双方签订了为期 3 年的劳动合同，约定试用期为 3 个月。2014 年 10 月 20 日 A 公司与潘某协商一致解除了劳动关系。2015 年 4 月 13 日，A 公司经过正常面试程序后再次与潘某建立了劳动关系，潘某在 A 公司单位担任单冲作业员一职，双方重新签订了为期 3 年的劳动合同，并约定试用期为 3 个月。2015 年 5 月 11 日，A 公司以潘某在试用期不合格，不服从管理，态度恶劣顶撞上司为由单方解除了与潘某之间的劳动合同。潘某不服，遂提起仲裁，后诉至法院。

---

[1] 中国裁判文书网：（2015）合法民初字第 06262 号。

[法院裁判]

根据《中华人民共和国劳动合同法》第十九条第二款规定，同一用人单位与同一劳动者只能约定一次试用期。按照此规定，A 公司再次聘用潘某时不能在劳动合同中再次约定试用期。现 A 公司在再次与潘某签订劳动合同时又约定了 3 个月的试用期，违反了《中华人民共和国劳动合同法》的此规定，且 A 公司未举示充分证据证明潘某有严重违反公司规章制度的行为。因此，A 公司以潘某在试用期不合格，不服从管理为由与潘某解除劳动合同的行为，法院不予支持。

[案件解析]

在劳动者正式进入用人单位前，双方仅通过公开信息、面试等间接途径了解对方，所获得的信息有限。试用期制度设立的目的在于为劳动者与用人单位提供相互考察、相互了解的机会。用人单位通过试用期考察劳动者自身的工作表现与实际能力是否符合岗位的要求，同时，劳动者也可以通过试用期来考察用人单位的工作内容、工作难度、工作氛围等是否与自己的要求相匹配。

一方面，对于再次进入用人单位的劳动者，用人单位对其工作能力、工作态度等都已经有了充分的了解，并且既然用人单位批准劳动者入职就表明用人单位已经对其表示了认可。另一方面，劳动者离职后再次入职的行为也是基于对用人单位实际情况及自身能力综合判断的结果。这种情况下，双方已经形成了充分的了解，没有再次约定试用期的必要。

[基本案情]

客服改品管，需要约定试用期吗？[1]

武某于 2008 年 5 月 4 日入职 A 公司，双方签订期限为 2008 年 5 月 4 日至 2010 年 5 月 4 日的《劳动合同书》并约定：试用期至 2008 年 7 月 4 日止，担任客服助理岗位工作，上述合同到期后，双方又签订了期限为 2010 年 5 月 4 日至 2012 年 5 月 3 日及 2012 年 5 月 4 日至 2014 年 5 月 3 日的劳动合同续订书。2012 年 6 月 18 日，武某的岗位从客服部客服助理异

---

[1] 中国裁判文书网：(2016) 京 03 民终 9386 号。

动为品质部品质助理。在 A 公司《人事异动申请表》中显示："两个月后根据考核评估另行调整""（品质专员试用期）……转正后"等字样。武某称 2012 年 6 月 18 日至 2012 年 8 月 18 日此两月为"违法安排二次试用期"。

A 公司认可《人事异动申请表》的真实性，但该公司称品质专员岗位的工资级别不同，武某初到此岗位时需先经过最低档工资级别，经过两个月观察考核期可以调整为更高工资级别，并非劳动合同法中"试用期"的含义。

[法院裁判]

双方签订的《人事异动申请表》上载明有"两个月后根据考核评估另行调整""（品质专员试用期）……转正后"等内容，此可视为 A 公司再次变相规定试用期，违反《中华人民共和国劳动合同法》的相关规定。现该试用期已经履行，故应由 A 公司以武某试用期满月工资为标准，向武某支付二个月赔偿金。

[案件解析]

《中华人民共和国劳动合同法》中关于试用期规定的目的，很大程度上在于避免用人单位利用自身在劳动关系中的优势地位滥用试用期，从而保护劳动者与用人单位之间建立稳定的劳动合同关系。因此，劳动者内部岗位的调动、职位晋升都不应成为再次约定试用期的理由。

2.7.3 试用期的工资

《中华人民共和国劳动合同法》第二十条规定，劳动者在试用期的工资不得低于本单位相同岗位最低档工资或者劳动合同约定工资的百分之八十，并不得低于用人单位所在地的最低工资标准。

[基本案情]

用人单位无法证明试用期工资发放标准。❶

张某于 2016 年 6 月 21 日到 A 公司工作，担任行政主管一职，约定每

---

❶ 中国裁判文书网：（2017）京 03 民终 13684 号。

月工资 8 500 元，于每月 10 日通过银行打卡发放上月整月工资。双方未签订劳动合同，张某工作到 2016 年 9 月 23 日，当日，A 公司向其作出解除试用期劳动关系的通知。

张某主张 A 公司补发 2016 年 6 月、7 月、8 月工资差额 4 075 元，并支付未签订劳动合同的双倍工资差额（2016 年 7 月 21 日至 2016 年 9 月 23 日）17 566.67 元。

A 公司主张双方"约定了试用期以及试用期工资按照约定工资的 80% 发放"，但在庭审中并未提供有效的证据。

[法院裁判]

用人单位应当按照劳动合同约定和国家规定，向劳动者及时足额支付劳动报酬。张某与 A 公司均认可双方约定的月工资标准是 8 500 元，A 公司并未就"双方约定了试用期以及试用期工资按照约定工资的 80% 发放"的主张提供相应的证据，故 A 公司应当按照月工资 8 500 元补足张某 2016 年 6 月、7 月、8 月工资差额，张某的请求不高于法律规定，法院予以支持。

根据 A 公司提供的关于张某工作岗位及工作内容的证据不足以认定张某与公司签订劳动合同，故 A 公司应当向张某支付 2016 年 7 月 21 日至 2016 年 9 月 23 日期间未签订劳动合同的双倍工资差额，张某的请求不高于法律规定，法院予以支持。

[案件解析]

《中华人民共和国劳动合同法》规定，试用期的工资不得低于本单位相同岗位最低档工资或者劳动合同约定工资的百分之八十，并不得低于用人单位所在地的最低工资标准。目的在于防止用人单位在试用期给予劳动者过低的薪酬，从而对劳动者的利益造成伤害，甚至将试用期变为"白用期"。

《中华人民共和国劳动合同法》规定的"80%""最低档工资""当地最低工资"都是试用期工资支付的下限，而非法定的发放标准。如用人单位与劳动者未就试用期工资发放标准进行约定，则劳动者应该按照劳动合同中关于转正后的工资标准享受待遇。因此，用人单位在与劳动者签订劳动合同时，应对试用期内时间、工资支付、考核标准等进行约定，在双方协商一致的前提下以书面的形式加以明确，避免本案例中出现"口头约定，无法举证"的情况。

2.7.4 试用期的福利

用人单位向劳动者提供的福利分为法定福利和非法定福利，前者是法律法规规定的用人单位必须提供的福利，如养老保险、工伤保险等；后者是根据用人单位自身情况向员工提供的福利，如旅游、补充商业保险、过节礼品、年度体检等。

《中华人民共和国劳动合同法》规定试用期包含在劳动合同期内，用人单位有义务为劳动合同期内的员工提供法定福利。试用期内非法定福利的发放，用人单位具有自主权，可以在签订劳动合同时与劳动者进行约定。

[基本案情]

可以约定试用期不缴纳社会保险吗？[1]

2014年10月28日吴某入职A公司，从事销售工作。双方签订了一份试用期劳动协议，约定期限为2014年10月28日至2015年4月29日，试用期工资标准为每月3 500元，销售提成按照销售回款金额的4%核算，每月工资通过银行转账方式发放。试用期满后，双方未签订劳动合同。

工作期间，吴某自行缴纳养老保险费和医疗保险费共计10 896.94元（其中大额医疗保险费105元）。

吴某提出仲裁，要求A公司支付其社会保险个人缴纳部分。后诉至法院。

A公司辩称，双方约定试用期内公司不为吴某缴纳社保。

[法院裁判]

社会保险是政府通过立法强制实施，运用保险方式保障劳动者面临特定风险失去劳动收入来源时，提供基本收入保障的法定保险制度。双方劳

---

[1] 中国裁判文书网：(2016) 鄂01民终8073号。

动关系一旦建立，用人单位就应当依法为劳动者缴纳社会保险。试用期包括在劳动合同期限内，并非独立于劳动关系外的特殊时期，即使双方约定公司在试用期内不为吴某缴纳社会保险真实，该约定亦违反法律规定。

[案件解析]

《中华人民共和国社会保险法》第五十八条规定，用人单位应当自用工之日起三十日内为其职工向社会保险经办机构申请办理社会保险登记。未办理社会保险登记的，由社会保险经办机构核定其应当缴纳的社会保险费。从《中华人民共和国社会保险法》的规定可以看出，我国法律仅对用人单位办理社会保险的时间范围作出要求，对于是否属于试用期并未作出规定。

试用期并非是《中华人民共和国劳动合同法》规定的必备内容，用人单位可以对试用期约定与否以及试用期的时间、考核、工资等问题与劳动者进行平等协商后约定，但并不能违反"法定大于约定"这一基本原则。

2.7.5 试用期劳动合同的解除

《中华人民共和国劳动合同法》第二十一条规定，在试用期中，除劳动者有本法第三十九条和第四十条第一项、第二项规定的情形外，用人单位不得解除劳动合同。用人单位在试用期解除劳动合同的，应当向劳动者说明理由。

劳动者在试用期内提前三日通知用人单位，可以解除劳动合同。此外，劳动者还可以依据《中华人民共和国劳动合同法》第三十八条规定单方解除劳动合同。

试用期劳动合同解除的具体内容见本书《劳动合同的终止、解除与变更》部分。

2.7.6 违反试用期规定的风险

《中华人民共和国劳动合同法》第八十三条规定，用人单位违反本法规定与劳动者约定试用期的，由劳动行政部门责令改正；违法约定的试用期已经履行的，由用人单位以劳动者试用期满月工资为标准，按已经履行的超过法定试用期的期间向劳动者支付赔偿金。

《中华人民共和国劳动合同法》第二十一条规定，在试用期中，除劳动者有本法第三十九条和第四十条第一项、第二项规定的情形外，用人单位不得解除劳动合同。用人单位在试用期解除劳动合同的，应当向劳动者说明理由。

根据《中华人民共和国劳动合同法》第十九条规定，用人单位不得单独约定试用期，单独约定的试用期期限会被视为劳动合同期限，相当于用人单位与员工签订一次"短期劳动合同"，试用期到期后，用人单位如愿意继续聘用该劳动者，就必须重新签订劳动合同。

[基本案情]

试用期满后仍按 80% 发工资可视为延长试用期吗？❶

张某于 2016 年 3 月 8 日入职 A 公司，从事技术岗位。张某入职当天与 A 公司签订《劳动合同》，约定合同期限自 2016 年 3 月 8 日至 2019 年 3 月 31 日止，试用期为 3 个月，自 2016 年 3 月 8 日至 2016 年 6 月 7 日。试用期工资为转正后工资的 80%。根据张某提交的招商银行交易明细显示，张某在职期间月平均工资为 4 069 元。工资已支付至 2016 年 8 月。A 公司以张某严重违反公司规章制度为由，于 2016 年 9 月 7 日向张某邮寄送达了解除劳动关系通知函，要求解除与张某之间的劳动关系。

张某认为，试用期过后，A 公司依旧未按照合同约定足额发放工资，要求 A 公司补偿其金额差额部分。同时，张某要求 A 公司支付延长试用期赔偿金。

[法院裁判]

张某在职期间，A 公司一直按照月平均工资 4 069 元向张某发放，但双方约定试用期为 2016 年 3 月 8 日至 2016 年 6 月 7 日，且双方约定试用期工资为转正后工资的 80%，故转正后工资应为 5 086.25 元，A 公司应补

---

❶ 中国裁判文书网：(2017) 陕 0113 民初 4808 号。

偿张某 2016 年 6 月 8 日至 9 月 7 日期间的工资差额。

张某、A 公司约定的试用期为 3 个月，符合上述法律规定，张某虽称 A 公司延长试用期，但未提交证据证明其主张，对于其要求 A 公司支付延长试用期赔偿金要求，法院不予支持。

[案件解析]

《最高人民法院关于适用〈中华人民共和国民事诉讼法〉的解释》第九十条规定，当事人对自己提出的诉讼请求所依据的事实或者反驳对方诉讼请求所依据的事实，应当提供证据加以证明，但法律另有规定的除外。在作出判决前，当事人未能提供证据或者证据不足以证明其事实主张的，由负有举证证明责任的当事人承担不利的后果。本案中，张某虽然能够通过银行明细、劳动合同等证据证明 A 公司在其试用期满后，仍按 80% 的标准发放工资，但是工资未足额发放的事实并不能够证明 A 公司作出了"延长试用期"的行为。

2.8 违约金的约定

《中华人民共和国劳动合同法》第二十五条规定，除本法第二十二条（服务期）和第二十三条（保密义务和竞业限制）规定的情形外，用人单位不得与劳动者约定由劳动者承担违约金。

[基本案情]

员工离职时，需要赔偿招聘费用吗？❶

屈某于 2015 年 7 月 8 日入职 A 美容美发公司，从事美容师工作。双方未签订书面劳动合同，A 美容美发公司未为屈某缴纳社会保险。屈某于 2015 年 10 月 20 日离职，向法院提起仲裁，要求 A 美容美发公司赔偿未签订劳动合同的双倍工资差额。

A 美容美发公司提出反诉，请求屈某赔偿招聘费用 5 000 元，后对仲裁结果不服，诉至法院。

---

❶ 中国裁判文书网：(2016) 鄂 0112 民初 244 号。

[法院裁决]

屈某于2015年7月8日入职，A美容美发公司至迟应于2015年8月7日与屈某签订书面劳动合同，但至屈某离职时双方仍未签订书面劳动合同。A美容美发公司诉称，未签订书面劳动合同的责任不在该公司，系屈某本人不愿签订，但未举证予以证明，故A美容美发公司应支付未签订劳动合同的双倍工资差额。A公司请求屈某赔偿招聘费用的请求，也被驳回。

[案件解析]

随着专业化招聘平台和猎头的出现，用人单位为单个劳动者支付的招聘费用不断提高，特别是对于一些高端人员，用人单位需要为其支付相当于劳动者数月工资的猎头费。用人单位在付出高额招聘费用后，认为离职的劳动者应为之付出相应的代价，因此就会出现员工离职时，用人单位要求其赔偿招聘费用的情况。

《中华人民共和国劳动合同法》保障了劳动者解除劳动合同的自由，用人单位在招聘劳动者过程中所花费的费用，应视为其正常的成本支出，不能将招聘不利的风险转移到相对弱势的劳动者身上。

2.9 服务期

《中华人民共和国劳动合同法》第二十二条规定，用人单位为劳动者提供专项培训费用，对其进行专业技术培训的，可以与该劳动者订立协议，约定服务期。劳动者违反服务期约定的，应当按照约定向用人单位支付违约金。违约金的数额不得超过用人单位提供的培训费用。用人单位要求劳动者支付的违约金不得超过服务期尚未履行部分所应分摊的培训费用。用人单位与劳动者约定服务期的，不影响按照正常的工资调整机制提高劳动者在服务期期间的劳动报酬。

在劳动关系管理实践中，涉及服务期为依据支付有关的劳动争议主要集中在三个方面：专项培训的认定、违约金金额的认定、劳动者违反服务期约定责任的认定。

2.9.1 专项培训的认定

《中华人民共和国劳动合同法》中的规定的专项培训，是指用人单位为劳动者在基本工作技能的基础上进行的提高性培训，与用人单位组织的职业培训间存在较大的差别。

首先，从立法本质上看，《中华人民共和国劳动法》第六十八条规定，用人单位应当建立职业培训制度，按照国家规定提取和使用职业培训经费，根据本单位实际，有计划地对劳动者进行职业培训。从事技术工种的劳动者，上岗前必须经过培训。可见，职业培训是为了满足用人单位对劳动者的上岗要求，保证其工作能力。《中华人民共和国劳动合同法》中关于专项培训服务期的规定，是为了保证用人单位的额外付出所享有的权利。

其次，从培训内容上看，职业培训主要指普及性、一般性和基础性培训，其目的在于使劳动者达到上岗要求。"专项培训"仅指针对高技能人才实施的专业知识和职业技能培训。

再次，从培训对象的范围看，职业培训范围涉及的人员规模较大，可能涉及入职该单位的所有新员工；而专项培训涉及的范围较小，往往是用人单位着力培养的重点人员。

专项培训和职业培训的认定，是服务期约定及违约金支付的前提，用人单位和劳动者经常会为此产生争议。

2014年7月，潘某到A公司从事汽车销售工作，双方签订了5年期的劳动合同。2014年10月，A公司派潘某等新入职的5位员工至某品牌汽车公司总部接受团队协作、营销技术、公司礼仪、工作规范等内容的入职培训。公司与潘某等人签订了《服务期协议》，约定："乙方（潘某等人）经公司外派接受专业技术培训合格后，须在甲方服务5年，如乙方因自身原因辞职或被甲方辞退，乙方应向甲方支付违约金1.5万元。"2015年6月，潘某辞职，A公司要求他支付违约金1.5万元。潘某称自己接受的是入职培训，并未接受专业技术培训，不同意支付违约金，公司就此提起劳动争议仲裁。

仲裁委根据查明的事实，潘某等人接受的培训是保证职工入职后胜任本职工作的入职培训，因此认定 A 公司不存在提供专业技术培训的事实，裁决驳回了 A 公司的请求。❶

2.9.2 培训费用范围的确定

《中华人民共和国劳动合同法实施条例》第十六条规定，劳动合同法第二十二条第二款规定的培训费用，包括用人单位为了对劳动者进行专业技术培训而支付的有凭证的培训费用、培训期间的差旅费用以及因培训产生的用于该劳动者的其他直接费用。

[基本案情]

用人单位没有培训费用的证据，能否要求员工支付违约金? ❷

2015 年 10 月 20 日，陈某、A 医院再次签订书面劳动合同，约定陈某从事超声岗位工作，合同期限 10 年，从 2015 年 11 月 1 日至 2025 年 10 月 31 日；聘期内，A 医院选送陈某外出进修。陈某、A 医院签订《A 医院规培合同书》，由 A 医院送陈某到上级医院参加"影像专业"的规培，规培期限为 1 年半。还约定陈某外出培训期间的学费、住宿费（900 元/月）由 A 医院承担，A 医院支付陈某基本工资及补助（50 元/天）。陈某的社会保险费和住房公积金由 A 医院代扣代缴，每月报往返车费一次。陈某学成回医院后，应在 A 医院处工作 10 年，不满 10 年，陈某应全额退还 A 医院支付的一切费用，并承担赔偿金 100 000 元。2019 年 6 月 5 日，陈某向 A 医院提交辞职信。陈某于 2019 年 9 月 29 日向大邑县劳动人事争议仲裁委员会申请仲裁，请求裁决 A 医院支付陈某拖欠的工资、未支付的年休假报酬、经济补偿金等。仲裁过程中，A 医院向大邑县劳动人事争议仲裁委员会申请裁决陈某退还规培费用 63 800 元，并支付损失 100 000 元。经仲裁

---

❶ 李杰. 提供职业培训. 无权约定服务期和违约金［J］. 中国人力资源社会保障，2016（5）：45.

❷ 中国裁判文书网：(2020) 川 01 民终 8520 号。

和一审判决，陈某应支付 A 医院违约金 49 765.76 元。陈某不服，遂提起二审。

[法院裁决]

A 医院与陈某约定服务期及违约金的行为并无不当，但 A 医院向陈某主张违约金时应当首先举证证明 A 医院培训费用的支出，包括用于支付培训的税务发票或其他符合财务制度的凭证的费用、劳动者培训期间的差旅费、因培训产生的用于该劳动者的其他直接费用，但不包括劳动者培训期间的工资、奖金、福利待遇等。但 A 医院并未举证证明其为陈某提供培训所支出的培训费用，应当承担举证不能的法律后果，因此，陈某无须向 A 医院支付违约金。

[案件解析]

本案争议的焦点在于 A 医院与陈某约定的违约金金额是否合法。《中华人民共和国劳动合同法实施条例》第十六条中，明确的专项培训费用有以下三类：一是培训费，如学费、考试费、报名费等；二是由培训产生的差旅费，如乘坐火车、飞机、汽车、轮船等公共交通工具产生的费用；三是其他与培训产生直接管理的费用，如食宿费、购买资料费、书籍费、实验材料费等。以上费用均属违约金约定范围，但用人单位在要求劳动者支付相应的违约金时，必须提供相应的证据以证明其支付相应费用的事实，如发票、转账记录、报销凭证等。

四川省高级人民法院、四川省劳动人事争议仲裁委员会于 2020 年 3 月 10 日印发的《关于审理劳动争议案件有关问题的会议纪要》（川高法〔2020〕39 号）第十四条第三款规定，专项培训费用包括用人单位为了对劳动者进行专业技术培训而支付的有凭证的培训费用、培训期间的差旅费用以及因培训产生的用于该劳动者的其他直接费用，但不包括用人单位在劳动者培训期间支付的劳动报酬。可见，劳动者参加专项培训期间所获得薪酬并不包括在培训费用内，用人单位不能将其列入违约金的范围内。用人单位为避免人员流失带来的损失，可适当降低劳动者培训期间的薪酬标准，并与劳动者协商一致后以书面形式加以确认，待其培训结束后再恢复其原有薪酬水平。

2.9.3 劳动者违反服务期约定责任的认定

劳动者无法在服务期内履行工作职责情形主要包括以下四种：一是双方协商一致解除劳动合同；二是用人单位单方解除劳动合同，用人单位在服务期中单方提出解除劳动合同致使服务期约定无法履行；三是劳动者单方解除劳动合同，劳动者在服务期中单方提出解除劳动合同使服务期约定无法履行；四是劳动者无法完成服务期协议中规定工作的。

（1）双方协商一致解除劳动合同

在双方协商一致解除劳动合同时，用人单位作为服务期协议中享有权利的一方，应主动提出要求劳动者支付违约金的要求，并与劳动者协商支付的金额。在此过程中，如用人单位并未向劳动者提出支付违约金的要求，则视为用人单位放弃要求劳动者履行服务期及违约金约定的权利。劳动合同解除后，用人单位再次提出劳动者支付违约金的要求，一般难以获得仲裁结构或者法院的支持。

方某所在的公司曾出资 8 万元进行专项技术培训，并与方某签订了 4 年内不得辞职的服务期合同。方某因在外出旅游途中遭遇交通事故，导致严重受伤。经交警部门认定，方某对事故的发生不承担任何责任。经劳动能力鉴定委员会鉴定为三级伤残。公司以方某不能从事原来的工作，也不能从事公司另行安排的其他工作为由，而决定终止与方某的劳动关系，并以方某受伤源于私事、有 3 年的服务期合同无法履行为由，要求方某按比例承担尚未履行期间的违约责任❶。

劳动者无法在服务期完成工作是否属于"违反服务期约定"的行为，主要考察其无法完成工作的事实是否由其本人过错导致。案例中，方某由于受到意外伤害后无法正常劳动，对此结果方某本人不存在故意或者过失行为，不应因此承担无法在服务期内完成工作的责任。

（2）用人单位单方解除劳动合同

《中华人民共和国劳动合同法》规定，用人单位单方解除劳动合同的

---

❶ 服务期内因伤无法上班，单位能否索要违约金？［J］．工友，2016（11）：24.

情形包括，经济性裁员、无过失性辞退和过失性辞退三种情形，经济性裁员和无过失性辞退的情况下，劳动者均不存在过错，因此不能视为其违反服务期约定。

《中华人民共和国劳动合同法实施条例》第二十六条第二款规定，有下列情形之一，用人单位与劳动者解除约定服务期的劳动合同的，劳动者应当按照劳动合同的约定向用人单位支付违约金：

（一）劳动者严重违反用人单位的规章制度的；

（二）劳动者严重失职，营私舞弊，给用人单位造成重大损害的；

（三）劳动者同时与其他用人单位建立劳动关系，对完成本单位的工作任务造成严重影响，或者经用人单位提出，拒不改正的；

（四）劳动者以欺诈、胁迫的手段或者乘人之危，使用人单位在违背真实意思的情况下订立或者变更劳动合同的；

（五）劳动者被依法追究刑事责任的。

由此可见，如劳动者存在以上情形，则是由于其本人责任导致用人单位单方解除劳动合同，劳动者应当承担无法履行服务期的责任。

王某于2010年8月进入A公司从事技术员工作，2011年3月，王某被A公司选送至国外进行为期一年的专项培训，双方签订了培训服务协议。协议中明确培训费用为20万元，服务期为4年，自回国上岗之日起计算。2012年2月，王某回国上岗。后另外一家公司找到王某，许诺两倍于现在薪酬的待遇。王某为早日离开A公司，遂经常迟到、早退，故意制造事端。由于王某屡次严重违纪，2013年1月，A公司解除了与王某的劳动关系，并要求王某支付违约金20万元。因协商不成，A公司向人事劳动争议仲裁部门申请劳动仲裁[1]。

本案中，王某迟到、早退的行为，已经严重地违反了A公司的劳动纪律，A公司与其解除劳动合同的行为是由于劳动者个人过错所导致，因此

---

[1] 艾小川. 服务期内严重违纪被解除关系，劳动者是否应支付违约金？[DB/OL]. 江西法院网. http：//jxfy.chinacourt.gov.cn/article/detail/2017/02/id/2554691.shtml. 2017-02-24.

A 公司要求其支付违约金的要求符合法律规定。在劳动关系管理实务中，如用人单位遇到类似王某这种情况，应注意收集其违纪的证据，如打卡记录、处罚通知单等，同时，还要注意本单位相关管理制度建设的完备性与合法性，以保证自身的辞退行为"有规可依"和"有据可查"。

(3) 劳动者单方提出解除劳动

劳动法对单方提出解除劳动合同分为两种情况：一是"自愿"解除，即人们平时所说的"辞职"，这种情况下，劳动者如在用人单位工作的年限未满足服务期的要求，应按照之前的约定支付相应的违约金；二是"被迫"解除，即由于用人单位未尽到自身的义务（如未及时足额支付劳动报酬、未依法为劳动者缴纳社会保险费等），造成了劳动者利益的损失，劳动者提出解除劳动合同的情形。

《中华人民共和国劳动合同法实施条例》第二十六条第一款规定，用人单位与劳动者约定了服务期，劳动者依照《劳动合同法》第三十八条的规定解除劳动合同的，不属于违反服务期的约定，用人单位不得要求劳动者支付违约金。

[基本案情]

企业未缴纳社保，员工离职后需要支付专项培训违约金吗?[1]

2015 年 11 月 1 日，张某到 A 公司工作，岗位为区域销售主管，2016 年 6 月 30 日，张某申请离职。2016 年 5 月 5 日，张某与 A 公司签订《4R 运营管控》课前定向卡，内容为："此次课程价值 980 元，公司作为奖励将全额支付，本人承诺自学习之日起在公司供职底限时间为一年，一年内无论任何原因离职，本人将支付此次学习费用 980 元。"

张某称其离职原因为：自 2015 年 11 月 4 日至 2016 年 6 月 30 日 A 公司一直未为其缴纳社会保险。另外，张某还提供了与 A 公司相关人员的录音，A 公司在录音中表明：保险费已经包含在工资里，不同意补缴。

经当地仲裁机构裁决后，认为张某应支付相关培训费用，张某不服，故诉至法院。

---

[1] 中国裁判文书网：(2017) 京 03 民终 1452 号。

[法院裁判]

张某提供的离职申请表复印件和录音，均可证明A公司未缴纳社会保险。张某有权以此为由，提出解除劳动合同。A公司虽与劳动者约定了服务期，但张某系根据《中华人民共和国劳动合同法》第三十八条第一款解除合同，根据上述规定，不应认定张某违反服务期约定，A公司不得要求张某返还培训费用。

[案件解析]

缴纳社会保险、及时足额支付薪酬、提供劳动保护和劳动条件等均是用人单位在劳动关系中应尽的义务。劳动者因用人单位未尽到以上义务而提出辞职完全合理合法，且由此造成的"服务期未满"的过错应归于用人单位，劳动者无须为此承担责任和支付违约金。

一些用人单位出于成本的考虑并未缴纳或并未足额缴纳社会保险的行为，不仅会为用人单位带来赔偿的风险，也可能会因其本身的过错使其丧失获得服务期违约金的权利。

2.10 保密义务与竞业限制

《中华人民共和国劳动合同法》第二十三条规定，用人单位与劳动者可以在劳动合同中约定保守用人单位的商业秘密和与知识产权相关的保密事项。对负有保密义务的劳动者，用人单位可以在劳动合同或者保密协议中与劳动者约定竞业限制条款，并约定在解除或者终止劳动合同后，在竞业限制期限内按月给予劳动者经济补偿。劳动者违反竞业限制约定的，应当按照约定向用人单位支付违约金。

2.10.1 商业秘密

《中华人民共和国反不正当竞争法》第九条规定，商业秘密是指不为公众所知悉、具有商业价值并经权利人采取相应保密措施的技术信息、经营信息等商业信息。

在司法实践中，一般从以下三方面界定商业秘密❶。

（1）秘密性

秘密性为商业秘密的本质特征，是其获得商业利益并获得法律保护的前提和条件，一项为人所共知的技术和方法，法律上无须给予保护。《最高人民法院关于审理不正当竞争民事案件应用法律若干问题的解释》第九条规定，有关信息不为其所属领域的相关人员普遍知悉和容易获得，应当认定为反不正当竞争法第十条第三款规定的"不为公众所知悉"。

具有下列情形之一的，可以认定有关信息不构成不为公众所知悉：

（一）该信息为其所属技术或者经济领域的人的一般常识或者行业惯例；

（二）该信息仅涉及产品的尺寸、结构、材料、部件的简单组合等内容，进入市场后相关公众通过观察产品即可直接获得；

（三）该信息已经在公开出版物或者其他媒体上公开披露；

（四）该信息已通过公开的报告会、展览等方式公开；

（五）该信息从其他公开渠道可以获得；

（六）该信息无须付出一定的代价而容易获得。

（2）价值性

价值性是指商业秘密可以给用人单位带来经济利益，对经济利益的追求既是用人单位维护商业秘密的内在动力，也是他人获得商业秘密的主要目的。商业秘密的价值不仅是指用人单位凭借商业秘密的竞争优势所获得的当期收益，还包括一旦该项商业秘密被采用后，所获得的潜在收益。

（3）保密性

商业秘密的保密性是指商业秘密经权利人采取了一定的保密措施，从而使一般人不易从公开渠道直接获取。如果权利人对某些信息没有采取保护措施，将其予以公开，则视为权利人对此并无保护的需求，此类信息不能构成商业秘密，如某企业在其官网上披露的公司财务数据。

---

❶ 姜昭. 论商业秘密的构成及司法认定 [J]. 电子知识产权，2010（8）：78 – 82.

2 劳动合同的签订

[基本案情]

学生名册属于商业秘密吗? ❶

何某系美术教师。2014年3月1日,何某与A学校签订《招聘合同》(2014年3月1日至2014年6月30日),负责T职中高一、高二年级美术基础教学。2014年7月8日,何某又与B学校签订《教师招聘合同》,担任其培训基地T职中工美13班的美术培训老师。2015年2月,何某离职。2015年6月何某前往C公司任美术老师,T职中工美13班部分学生前往C公司进行培训,并缴纳了一定数额的培训费。

B学校、A学校认为何某诱导、唆使该部分学生前往C公司进行培训,对其权益进行了侵害,遂诉至法院。B学校、A学校起诉书中主张的商业秘密包括T职中高一、高二学生的信息名单。

[法院裁判]

根据《最高人民法院关于审理不正当竞争民事案件应用法律若干问题的解释》第十三条的规定,"商业秘密中的客户名单,一般是指客户的名称、地址、联系方式以及交易的习惯、意向、内容等构成的区别于相关公知信息的特殊客户信息,包括汇集众多客户的客户名册,以及保持长期稳定交易关系的特定客户"。本案中,首先,B学校所主张的《学生名册》,从信息构成来看,仅记载有姓名、性别、出生年月和联系电话。该份名册虽然不能在公开渠道中直接取得,但并不具备隐秘性和难以获得的特点。何某及其任职的C公司通过其他普通渠道同样能够实现联系或获得名册中所记载的信息。其次,该份《学生名册》也不含交易的习惯、意向、内容等构成的区别于相关公知信息的特殊客户信息。另外,B学校制定的《教师管理条例》显示"保守学校的商业机密,严禁向外界泄露本校的招生方式和教学管理方法、教学课程安排、收费标准等",其中也并未明确"商业秘密"应包括《学生名册》,法院无法认定其对《学生名册》采取了保密措施。因此,法院对B学校《学生名册》为商业秘密的主张不予认可。

---

❶ 中国裁判文书网:(2017)湘01民终3071号。

[案件解析]

价值性往往是产生商业秘密相关法律纠纷的缘起,正是因为该项信息能够给他人带来商业利益或者造成商业秘密权利人利益的损失,权利人才会产生保护商业秘密的动机以及提出在商业秘密泄露后的赔偿要求。本案中的《学生名册》中记载的姓名、性别、出生年月和联系电话等信息能够为C公司带来潜在收益,同时也可能会给A学校、B学校带来生源的流失。因此,从其实际效果而言,《学生名册》在一定程度上满足了商业秘密价值性的特征。

机密性和保密性是界定商业秘密的主要依据,一方面,商业秘密应具有隐秘性和难以获得性,如他人能够从权利人以为的渠道获得信息则不满足机密性的特征,本案《学生名册》中所载信息,C公司完全可以通过与T职中学生或者其家长的直接联系获得;另一方面,权利人应能证明自己对商业秘密采取了保密措施,权利人应当有证据表明自身对商业秘密的内容、传播范围、泄露责任等均作出了明确的规定,并且权利人还应有证据表明其对商业秘密采取了物理防范措施,如加盖保密印章、设置保密区、对涉密的废弃材料进行专业销毁等。本案中,B学校虽有一定的保密意识,但其《教师管理条例》规定的"商业秘密"范围过于宽泛,无法明确《学生名册》是否属于保密范围之列。

2.10.2 劳动者泄露商业秘密的处理

如果劳动者泄露了用人单位的商业秘密,给用人单位带来损失,用人单位可根据保密协议的约定要求其进行补偿,也可以以民事侵权为由将其诉至法院。《违反〈劳动法〉有关劳动合同规定的赔偿办法》第五条规定,劳动者违反劳动合同中约定的保密事项,对用人单位造成经济损失的,按《中华人民共和国反不正当竞争法》第二十条的规定支付用人单位赔偿费用。

除了民事责任外,如果劳动者泄露商业秘密的情节比较严重,还可能承担刑事责任,《刑法》第二百一十九条规定,有下列侵犯商业秘密行为之一,情节严重的,处三年以下有期徒刑,并处或者单处罚金;情节特别严重的，处三年以上十年以下有期徒刑，并处罚金：

（一）以盗窃、贿赂、欺诈、胁迫、电子侵入或者其他不正当手段获取权利人的商业秘密的；

（二）披露、使用或者允许他人使用以前项手段获取的权利人的商业秘密的；

（三）违反约定或者违反权利人有关保守商业秘密的要求，披露、使用或者允许他人使用其所掌握的商业秘密的。

明知前款所列行为，获取、披露使用或者允许他人使用该商业秘密的，以侵犯商业秘密论。

[基本案情]

窃取老东家种子与其他公司合作种植，种业经理获刑。❶

A公司于2007年注册成立，是从事玉米新品种生产、加工、销售的现代种业企业，其玉米亲本及杂交技术为A公司的核心商业秘密，A公司对此采取了保密措施，建立了仓储管理和员工保密制度。2015年10月，覃某利用工作便利窃取了A公司十余个玉米亲本，并于2016年2月从A公司辞职。2016年9月，覃某与B公司负责人相识，并达成合作制种协议，由覃某提供玉米亲本和技术指导，B公司负责联系制种基地和回收玉米种子。经会计师事务有限公司鉴定，已生产出的78 500公斤玉米杂交种子预期收益619 467元。

[法院裁判]

覃某为了牟取非法利益，利用工作之便，秘密窃取A公司玉米种子繁育的核心玉米亲本产品和核心杂交技术，提供给他人，并亲自指导他人秘密生产A公司受保护的玉米新品种，创造预期利润619 467元，以换取高额的报酬，给商业秘密的权利人A公司造成重大损失，其行为已触犯《中华人民共和国刑法》第二百一十九条第一款第一、二项规定，应依法"处三年以下有期徒刑或者拘役，并处或者单处罚金"。

被告人覃某犯侵犯商业秘密罪，判处有期徒刑一年，缓刑二年，并处

---

❶ 中国裁判文书网：(2019) 鄂05知刑初2号。

罚金10万元。

[案件解析]

用人单位所拥有的商业秘密具有独特的竞争优势，能够给相关行业带来巨大的商业利益。案例中，覃某窃取 A 公司玉米种子繁育的核心玉米亲本产品和核心杂交技术，将其提供给同业企业加以种植，同时其本人还承担了相应的技术指导工作，其行为已经给 A 公司造成了较大的损失，已经构成了侵犯商业秘密罪。

2.10.3 竞业限制的主体

《中华人民共和国劳动合同法》第二十四条规定，竞业限制的人员限于用人单位的高级管理人员、高级技术人员和其他负有保密义务的人员。

高级管理人员，《中华人民共和国公司法》规定，高级管理人员是指公司的经理、副经理、财务负责人，上市公司董事会秘书和公司章程规定的其他人员。

高级技术人员，主要包括高级研究人员、技术人员、核心岗位的技术工人等有机会接触用人单位核心技术秘密的人员。

其他负有保密义务的人员，主要包括财务人员、市场人员、法务人员、机要人员等在其工作职责范围内有机会接触用人单位秘密的人员。

[基本案情]

人力专员是竞业限制的主体吗？❶

2011 年 3 月 2 日，柴某入职 A 公司，担任人力资源专员。2013 年 8 月 8 日，双方解除劳动关系。另查，A 公司与柴某约定的竞业限制期限为在职期间及劳动合同解除后一年内。柴某离职前 12 个月基本工资为 9 450 元。A 公司支付柴某四个月的竞业限制经济补偿金共计 15 120 元。

柴某于 2013 年 8 月 8 日以后入职北京 B 公司，准确的入职时间其无法确定，A 公司认定柴某违反了竞业限制的约定，要求其支付违约金。

---

❶ 中国裁判文书网：(2014) 一中民终字第 09176 号。

[法院裁判]

《竞业限制协议》的效力。竞业限制是用人单位对员工采取的以防止不正当竞争和保护商业秘密为目的的一种法律措施。我国劳动合同法规定了竞业限制制度，为用人单位和劳动者进行竞业限制的约定提供了明确的法律依据。本案中，柴某与A公司签订的《竞业限制协议》对竞业限制适用范围、期限等的约定不违反法律规定，且柴某未能举证证明协议的签订违背其真实意思，故柴某与A公司签订的《竞业限制协议》应为有效。

[案件解析]

《中华人民共和国劳动合同法》第二十四条规定的竞业限制主体包括高级管理人员、高级技术人员及其他负有保密义务的人员三类。在劳动关系管理实务中，高级管理人员和高级技术人员（即"双高人员"）的界定比较清晰，出现争议较多的在于第三类人员。

劳动者往往以自己非"双高人员"为理由主张用人单位与其签订的竞业限制协议主体不适格，如主张"本人只是一名普通实验员，在我所在部门中类似的人员有几十人""本人仅负责公司的招聘工作，没有机会了解公司的核心业务和技术机密，应不在保密范围之列"等。

劳动者是否属于竞业限制的主体主要取决于其是否有机会接触和掌握用人单位的商业秘密，而非其所在的岗位。《中华人民共和国劳动合同法》第二十四条中确定的"双高人员"仅是出于对用人单位管理机制一般性的判断，并未把非"双高人员"排除在竞业限制主体之外，劳动者不应以此为由判定用人单位与之签订的竞业限制协议主体不适格。由于每个单位的业务结构、管控方式等存在较大的差别，各岗位的涉密程度并不一致，判断其是否属于竞业限制的主体主要依据各用人单位的具体情况而定。

2.10.4 竞业限制的范围

《中华人民共和国劳动合同法》第二十四条规定，竞业限制的范围、地域、期限由用人单位与劳动者约定，竞业限制的约定不得违反法律、法规的规定。在解除或者终止劳动合同后，前款规定的人员到与本单位生产或者经营同类产品、从事同类业务的有竞争关系的其他用人单位，或者自己开业生产或者经营同类产品、从事同类业务的竞业限制期限，不得超过二年。

[基本案情]

劳动者在前后两家公司任职部门不同，是否属于竞业禁止范围？[1]

A 公司与范某订立了期限自 2012 年 1 月 1 日至 2013 年 9 月 21 日止的劳动合同，范某在一般工业涂料—市场销售部门任职销售经理。A 公司、范某于 2012 年 9 月 3 日订立《保密、发明及不竞争协议》，双方约定："'竞业禁止期限'内，员工均不得供职于与 A 公司或 A 公司的关联企业有竞争关系的公司、企业或其他经济组织内的与员工在 A 公司或其关联企业所任职的业务部门相同或具有竞争性的业务部门。"

2012 年 11 月 16 日，因范某提出辞职，双方解除劳动合同，离职时 A 公司向范某出具了《履行竞业禁止义务通知书》，告知范某应当遵守《保密、发明及不竞争协议》中约定的各项义务，A 公司按月支付补偿费。范某于 2013 年 1 月进入 B 公司工作，在消费电子涂料部门担任技术总监。2013 年 2 月 7 日，A 公司分别向范某和 B 公司发出《通知》，要求双方终止劳动关系。A 公司提起仲裁，要求范某支付违约金，后诉至法院。

范某辩称，本案中竞业限制范围是范某离职前三年在 A 公司处实际任职的业务部门与新任职公司的业务部门之间是否存在竞争关系，而不是两家公司之间是否存在竞争关系；范某在 A 公司处曾经任职于集装箱涂料业务部门，现在就职于 B 公司消费电子涂料部门，且该公司没有集装箱涂料业务部门，故范某未违反竞业限制义务；实际上 A 公司与 B 公司并无竞争关系。

[法院裁判]

《保密、发明及不竞争协议》中约定"范某不得加入任何与 A 公司及其关联企业存在竞争关系的个人，合伙人，公司，法人或其他业务组织或实体"。该项约定已经明确范某的竞业限制范围涵盖实体企业，而不仅限

---

[1] 中国裁判文书网：(2013) 沪二中民三 (民) 终字第 1328 号。

于两个有竞争关系的业务部门。因此，范某应支付违反竞业限制约定的违约金。

[案件解析]

用人单位在与劳动者约定竞业限制的范围时应明确"竞业"所涉及的范围，以避免出现争议时的举证困难。首先，明确竞业限制的地域范围，用人单位可根据自身行业特点选择全球、国内、省内、市内等多家竞业单位涉及的地域；其次，明确竞业限制涉及的行业细分领域；最后，采用权威性的划分标准以避免今后发生争议，如国家标准《国民经济行业分类与代码》（GB/T 4754—2011）、证监会《上市公司分类指引》等。此外，如有明确的竞争公司的名称，用人单位可将其名称及关联公司列明在竞业限制协议中。

2.10.5 竞业限制的时间

《中华人民共和国劳动合同法》第二十四条对竞业限制的时间作出了强制性规定，即"不超过两年"。

[基本案情]

注册时间还是经营时间？[1]

A公司成立于2005年5月13日，注册资本3 000万元，经营范围：复合肥、复混肥、生物肥、有机肥生产和销售；颗粒磷肥加工、销售；化肥零售。2009年6月1日至2011年4月30日，柳某担任A公司副总经理职务，先后从事贸易、供应、销售管理等工作。2011年11月12日，柳某离职时，双方签订《保密及竞业禁止协议书》。协议中约定，柳某在离职后至2014年12月31日止，在全国范围内非经A公司书面同意，不得从事复合肥等相关行业的生产与经营；不得在与A公司生产、经营同类产品或提供同类服务的其他企业、事业单位、社会团体内担任任何职务；不得自营与A公司同类或具有竞争性关系的产品和服务；不得抢夺A公司在册的客

---

[1] 中国裁判文书网：（2017）鄂13民终392号。

户等损害 A 公司合法权益的行为。

2013 年 4 月 18 日，柳某与他人共同出资在湖北省枣阳市成立 B 公司，柳某为该公司法定代表人。该公司经营范围：农作物种植、销售；复合肥生产、销售；农业机械、化肥销售。

A 公司获知该情况后提出仲裁申请，要求柳某赔偿违约金。仲裁委支持 A 公司的要求。柳某不服诉至法院。

柳某主张，其所在 B 公司虽然注册登记时间是 2013 年 4 月 18 日，但实际生产经营时间是在 2014 年 10 月 29 日。

[法院裁判]

虽然柳某主张该公司实际生产经营时间已超过竞业限制的期限，但根据该公司企业法人营业执照载明的公司成立时间是 2013 年 4 月 18 日，在竞业限制的两年期限内，因此，该主张只能作为减轻其违约责任的情节予以考量，并不能证明其未违反协议约定。

[案件解析]

本案的焦点在于竞业限制"不超过两年"的起止范围，从本案的裁判结果可以看出，"不超过两年"的起始时间应是用人单位与劳动者终止或解除劳动合同的时间，终止时间是劳动者入职其他单位的时间或者自营企业的登记注册时间。案例中，柳某主张的"公司虽已登记，但未开展业务"的情况虽然在实践中比较常见，但并不能将其营业时间代替公司的注册时间。

2.10.6 竞业限制违约金数额

《中华人民共和国劳动合同法》对于竞业限制违约金的数额并未作出明确的规定，一些用人单位为了提升竞业限制协议的约束力往往会与劳动者约定高额的违约金。劳动者在签订竞业限制协议时并未表示异议，但在实际赔偿时可能会以"违约金数额过高"为由，提起仲裁或诉讼。劳动仲裁机构和法院会根据多种情况综合考虑违约金的金额，未必会全额认可。

用人单位在制定违约金数额时，要充分体现权利与义务的对等性，保障用人单位和劳动者的合理利益,否则即便制定了高额的违约金也可能无法得到仲裁机构或者法院的认可。具体而言,用人单位在制定违约金数额时,需要考虑以下三点。

(1) 违约金数额与用人单位的损失相匹配

劳动者违约金数额应该与用人单位的实际损失相匹配,不能高于用人单位的实际损失。换言之,如果用人单位有足够的证据表明劳动者违反竞业限制协议后给自身带来的损失,而违约金数额又未超过损失金额,这种情况往往就会得到仲裁机构或者法院的支持。

(2) 违约金数额与劳动者薪酬水平相匹配

用人单位与劳动者约定的违约金数额应与其从该职位获取的薪酬相适应。从司法实践看,在违约金相对于薪酬畸高的情形下,法院会行使自由裁量权对约定的数额进行调整。

(3) 违约金数额与用人单位实际支付的竞业限制经济补偿金相匹配

经济补偿金与违约金数额反映了用人单位对劳动者进入竞争性单位给员工单位带来的损失程度,两者的数额不宜相差过大。竞业限制违约金数额如果远远高于竞业限制经济补偿的标准,则违反了劳动合同的公平、合理的原则。

[基本案情]

49 万违约金被法院视为畸高,调整为 35 万。❶

王某与 A 公司签订一份期间为 2009 年 1 月 1 日至 2012 年 12 月 31 日的劳动合同,该劳动合同第十四条约定保密及竞业限制条款如下:"乙方(指王某,下同)不得在合同期间或合同终止后以非为甲方(指 A 公司,下同)工作之目的使用或许可他人、企业使用甲方的保密资料、信息。乙方不得泄露属于甲方的信息、资料,乙方如果违反本条款,除应当赔偿甲方遭受的相应损失外,还要承担 20 万到 50 万元的违约金。乙方在离开甲方三年内,不得同和甲方有业务联系的工厂和客户联系业务(即不得自己或指使他人用甲方的业务渠道联系业务),如果违反,除要承担给甲方造

---

❶ 中国裁判文书网:(2013)浦民一(民)初字第 11746 号。

成的损失外,乙方还要承担20万元到50万元的违约金。"

2010年4月28日,王某与案外人共同出资成立了B公司,经营业务与A公司相关。2012年3月15日,B公司召开股东会,选举王某为该公司监事。

2011年9月30日,王某离职。2012年9月24日,A公司向仲裁委员会提出申请,要求王某支付违约金人民币49万元。后仲裁委员会裁决王某支付A公司违约金人民币49万元,对A公司的其余申诉请求未予支持。A公司、王某均不服该裁决,讼至法院。

王某主张,竞业限制违约金数额的确定亦应遵循补偿原则,仲裁裁决王某支付A公司人民币49万元违约金显然过高,请求法院予以调低。

[法院裁判]

王某每月固定工资为人民币2 000元,其余为销售提成。A公司未能提供有效证据证实王某违约行为给A公司造成的实际损失金额,结合王某工作年限、双方劳动合同关于违约金约定范围、王某月工资标准及离职前12个月领取销售提成的情况,本院认定仲裁委员会裁决王某支付A公司违反竞业限制义务条款而承担的违约金人民币49万元畸高,现王某要求适当调低,本院予以准许,本院酌情确定王某应支付A公司违反竞业限制义务违约金人民币35万元。

[案件解析]

《中华人民共和国民法典》第五百八十五条规定,当事人可以约定一方违约时应当根据违约情况向对方支付一定数额的违约金,也可以约定因违约产生的损失赔偿额的计算方法。约定的违约金低于造成的损失的,人民法院或者仲裁机构可以根据当事人的请求予以增加;约定的违约金过分高于造成的损失的,人民法院或者仲裁机构可以根据当事人的请求予以适当减少。

《最高人民法院关于适用〈中华人民共和国合同法〉若干问题的解释(二)》第二十九条规定,当事人主张约定的违约金过高请求予以适当减少的,人民法院应当以实际损失为基础,兼顾合同的履行情况、当事人的过错程度以及预期利益等综合因素,根据公平原则和诚实信用原则予以衡量,并作出裁决。

当劳动者对违约金有充足的理由证明违约金数额过高时，人民法院或者仲裁机构可以根据劳动者担任的职务、工作年限、薪酬水平及其给原有用人单位带来的损失程度等因素酌情调整违约金。

2.10.7 竞业限制补偿金

为补偿劳动者履行竞业限制义务给自身择业和收入带来的损失，用人单位与劳动者在约定竞业限制时，可约定向劳动者支付补偿金。《中华人民共和国劳动合同法》第二十三条规定，对负有保密义务的劳动者，用人单位可以在劳动合同或者保密协议中与劳动者约定竞业限制条款，并约定在解除或者终止劳动合同后，在竞业限制期限内按月给予劳动者经济补偿。

（1）竞业限制补偿金数额

竞业限制的经济补偿金数额，我国法律法规并没有强制规定，一般以双方约定的数额为依据，但如果约定竞业补偿金数额而竞业限制违约金过高的话，则可能会被仲裁机构或法院视为"违约金畸高"而进行酌情调整；如果双方并未约定竞业限制补偿金的数额，而劳动者又履行了竞业限制的义务，则劳动者有权利要求用人单位支付相应的补偿金。

《最高人民法院关于审理劳动争议案件适用法律若干问题的解释（四）》（以下简称《劳动争议司法解释（四）》）第六条规定，当事人在劳动合同或者保密协议中约定了竞业限制，但未约定解除或者终止劳动合同后给予劳动者经济补偿，劳动者履行了竞业限制义务，要求用人单位按照劳动者在劳动合同解除或者终止前12个月平均工资的30%按月支付经济补偿的，人民法院应予支持。前款规定的月平均工资的30%低于劳动合同履行地最低工资标准的，按照劳动合同履行地最低工资标准支付。

《北京市高级人民法院、北京市劳动争议仲裁委员会关于劳动争议案件法律适用问题研讨会会议纪要》第三十九条规定，用人单位与劳动者在劳动合同或保密协议中约定了竞业限制条款，但未就补偿费的给付或具体给付标准进行约定，不应据此认定竞业限制条款无效，双方可以通过协商予以补救，经协商不能达成一致的，可按照双方劳动关系终止前最后一个年度劳动者工资的 20%～60% 支付补偿费。用人单位明确表示不支付补偿费的，竞业限制条款对劳动者不具有约束力。

[基本案情]

竞业限制补偿金过低，影响竞业限制效力吗？[1]

窦某系 A 公司员工，2012 年 3 月 11 日，双方签订《竞业限制协议》，约定竞业限制的期限为合同终止后两年内；限制行业为与 A 公司相同和相似的经营领域，包括数码快印行业；窦某履行竞业限制义务期间，A 公司给予窦某补偿，补偿标准为每年 1 500 元；《竞业限制协议》约定"给予乙方（窦某）的补偿，甲方（A 公司）采用按月支付的方式。

2013 年 9 月 30 日，窦某离职。2013 年 12 月 19 日，A 公司支付窦某竞业限制补偿金 1 500 元。2013 年 9 月 24 日，B 公司成立，主要业务与 A 公司业务相同。窦某于 2013 年 12 月 1 日与 B 公司建立劳动关系。

A 公司发现窦某在 B 公司就职后，起诉要求窦某继续履行竞业禁止义务，要求窦某向 A 公司支付违约金 10 万元。

窦某主张，A 公司利用格式合同与我约定的竞业禁止补偿金不能满足劳动者的最低生活标准，且不符合《劳动争议司法解释（四）》的规定，不同意 A 公司的诉讼请求。

[法院裁判]

本案虽然补偿标准低于相关规定，亦不应认定协议无效，劳动者仍负有履行竞业限制的义务。关于竞业限制补偿金过低的问题，窦某可以依法另行主张。综合其违约行为的持续时间、其违约期间所得的收入、竞业限制补偿金数额，以及窦某维持生活所需的工资等情况，判令窦某停止违约行为，并酌情判令窦某支付 A 公司竞业限制违约金 30 000 元。

[案件解析]

《劳动争议司法解释（四）》中针对的是用人单位与劳动者未约定竞业限制补偿金的情况，案例单位与劳动者在竞业限制协议中对竞业限制补偿

---

[1] 中国裁判文书网：（2015）二中民终字第 01804 号。

金进行了约定，该约定不受司法解释中规定的月平均工资30%和最低工资的限制，窦某并未提供证据表明其与A公司约定的竞业限制补偿金数额违背了其真实意思，因此，双方的约定应属于有效的合同。

同时，案例中法院在裁量竞业限制违约金数额时，考虑到了双方约定补偿金过低的情况，将A公司要求的10万元违约金降低为3万元。这表明，如果用人单位支付给劳动者的补偿金过低，即便竞业限制协议得到认可，仍可能会造成约定违约金无法足额赔付的情形。

（2）竞业限制补偿金的支付方式

《中华人民共和国劳动合同法》规定，竞业限制经济补偿金应在解除或者终止劳动合同后，在竞业限制期限内按月给予劳动者经济补偿。该项规定已对经济补偿金的支付时间和支付方式进行了明确规定，用人单位如果采用其他的形式进行支付，则可能无法得到仲裁机构或者法院的认可。

[基本案情]

竞业限制补偿金可以放在工资中发放吗？[1]

王某于2011年5月23日入职A公司，同日，双方签订劳动合同，约定合同期限为2011年5月23日至2014年5月22日。

2013年2月7日，王某向A公司邮寄送达了解除劳动合同通知书。

2011年5月22日，双方签订《保密与竞业限制协议》，协议约定，"甲方（A公司）同意就乙方（王某）离职后所承担的保密义务、竞业限制义务，向其支付保密和竞业限制补偿金，包含在甲方支付乙方每月的工资报酬内。乙方认可甲方在支付乙方每月的工资报酬时，已考虑了乙方离职后需要承担的保密及竞业限制义务，已随同每月工资一并发放，故无须在乙方离职时（后）另外支付保密及竞业限制费用"。

[法院裁判]

竞业限制补偿金包含在薪酬内不符合法律规定，现有证据不能证明A公司已支付王某竞业限制补偿金。故A公司应支付王某竞业限制经济补偿金。

---

[1] 中国裁判文书网：（2015）三中民终字第01995号。

[案件解析]

竞业限制经济补偿金是用人单位因限制劳动者离职后的就业范围而对劳动者作出的补偿，该补偿以劳动者在离职后不从事与用人单位相竞争的业务为支付前提，通常自劳动者离职之日起按月支付。案例中，随薪酬一并发放给员工的"竞业限制补偿金"应视为其劳动报酬的一部分，不能视为竞业限制补偿金。

（3）竞业限制补偿金支付与劳动者违约责任

《劳动争议司法解释（四）》第八条规定，当事人在劳动合同或者保密协议中约定了竞业限制和经济补偿，劳动合同解除或者终止后，因用人单位的原因导致三个月未支付经济补偿，劳动者请求解除竞业限制约定的，人民法院应予支持。

[基本案情]

用人单位拒不支付补偿金，竞业限制协议是否有效？❶

2009年9月15日，程某入职A公司，2009年9月20日，A公司与程某签订劳动合同书，约定的劳动合同期限自2009年9月15日至2011年12月31日，后续订合同自2012年1月1日起，至2012年12月31日终止。

2012年8月至9月间，A公司与程某签订《竞业限制合同》，其中约定"补偿费的标准为离职前月度平均工资的50%。补偿费从离职次月开始按月支付，由甲方于每月的25日通过银行支付至乙方。如乙方拒绝领取，甲方可以将补偿费向有关方面提存"。

2012年10月26日，程某离职。程某在职期间，A公司逐月将工资支付至程某在北京银行的账户中，未曾拖欠，现该银行账户程某仍在使用。程某离职后至今，A公司没有向程某支付竞业限制补偿费，亦未提存竞业限制补偿费。

关于未支付竞业限制补偿费的原因，A公司于原审庭审中主张其曾通知程某到公司领取补偿金，但程某故意不来领取补偿金。

2013年1月25日，A公司发现程某已于2012年3月9日出资成立B

---

❶ 中国裁判文书网：（2013）西民初字第21770号。

公司，且 B 公司与 A 公司存在竞争，遂提起仲裁。程某对仲裁结果不予认可，诉至法院。

[法院裁决]

程某在职期间，A 公司均以银行转账方式向其支付工资，这能够证明 A 公司知晓程某的个人银行账号，且该银行账号程某目前仍在使用中，由此可知 A 公司按照合同约定的银行转账方式向程某支付补偿费并无技术障碍；A 公司于原审庭审中主张其曾通知程某到公司领取补偿费，但程某故意不来领取补偿费。A 公司此种要求程某到公司自行领取补偿费的主张，改变了《竞业限制合同》中约定的补偿费支付方式，A 公司亦无证据证明此种变更经过程某的同意，故法院对 A 公司此种未支付程某补偿费的理由不予采信；最终认定 A 公司系无正当理由而未按照约定支付程某竞业限制补偿费。此种情况下，程某有权不受相关竞业限制条款的限制。

[案例分析]

本案中，程某与 A 公司约定了离职后竞业限制补偿金的支付条款，而 A 公司在完全有条件向程某支付补偿金的条件下，无正当理由拒不支付经济补偿金。在这种情况下，法院将 A 公司的行为视为明显违背诚信原则的违约行为，因此，此种情况下劳动者也有权不遵守《竞业限制合同》的规定。

3 劳动合同的终止、解除与变更

3.1 劳动合同终止

3.1.1 劳动合同到期终止

《中华人民共和国劳动法》第四十六条规定，除用人单位维持或者提高劳动合同约定条件续订劳动合同，劳动者不同意续订的情形外，用人单位终止固定期限劳动合同的，用人单位应当向劳动者支付经济补偿。关于该项规定，可从以下三种情形进行解释：

情形1：劳动合同期满，用人单位同意续签劳动合同，且维持或者提高劳动合同约定条件，如提高工资、提供更多的福利等，劳动者仍不续签劳动合同的，用人单位不需要支付经济补偿。

情形2：劳动合同期满，用人单位同意续签劳动合同，但降低劳动合同约定条件，如降低工资、减少福利等，劳动者不续签劳动合同的，用人单位需要支付经济补偿。

情形3：劳动合同期满，用人单位不同意续签劳动合同，无论劳动者是否表示续签劳动合同，用人单位均需要支付经济补偿。

[基本案情]

员工的行为是否能够证明其同意续签劳动合同？❶

A公司、周某于2010年7月2日建立劳动关系。双方先签订了期限为

---

❶ 中国裁判文书网：(2015) 青民四 (民) 初字第2582号。

2010 年 7 月 2 日至 2011 年 7 月 1 日的《聘用合同》，约定周某从事设计工作，劳动合同期满后，双方又签订了期限为 2013 年 7 月 2 日至 2015 年 7 月 1 日的《聘用合同（续签）》。

2015 年 6 月 25 日，A 公司对周某作出一份用于终止劳动合同等方面的《人事变动表》，A 公司在"变动内容"栏中的"劳动合同到期不续签"这一选项前打了勾，在"离职要求的提出由"项下选择了"公司"，在"工作日截至"处填写了"2015.7.1"。"负责人批准""部门领导批准""人事主管复核""总经理批准"各栏内均有 A 公司相关人员签名确认。

周某提起仲裁，要求 A 公司支付劳动合同到期不续签的经济补偿金，仲裁庭支持了周某的请求，A 公司不服，遂提起诉讼。

A 公司在庭审中提出，A 公司只是工作失误，但没有解聘的意思表示，在周某不同意与 A 公司续签劳动合同的情况下，公司只能配合周某办理退工。A 公司事后进行了补救，但是周某不同意，并提供了通知及张贴照片（未显示拍摄日期）证明通知周某来续签劳动合同，但是周某没有来办理相关的手续。

[法院裁判]

根据《人事变动表》记载的内容，已经证明 A 公司、周某之间的劳动合同是 A 公司提出合同到期不续签而终止。A 公司就其主张提供了通知及照片，但 A 公司没有证据证明该照片拍摄、形成的时间，故无法证明 A 公司的主张，法院不予采信。因此，A 公司应支付周某劳动合同到期不续签的经济补偿金。

[案件解析]

出于对劳动者的保护，我国法律明确规定了劳动合同到期用人单位不续签劳动合同的补偿义务。在劳动合同到期时，用人单位需证明维持或者提高劳动合同约定条件续订劳动合同的情况下，劳动者作出明确不续签劳动合同的表示，才能免除不续签劳动合同的补偿义务。本案中，用人单位无法提供足够的证据证明其向劳动者发出了续签劳动合同的表示，同时又在《人事变动表》中"离职要求的提出由"项下选择了"公司"一项，完全符合"劳动合同到期,用人单位不续签"的情形,因此需对劳动者作出经济补偿。

3.1.2 劳动者享受基本养老保险待遇终止

《中华人民共和国劳动合同法》第四十四条第二款规定,劳动者开始依法享受基本养老保险待遇的,劳动合同终止。劳动法规定了参加社会保险是用人单位法定义务,如果用人单位依法为劳动者缴纳养老保险,当劳动者开始依法享受基本养老保险待遇时依据《中华人民共和国劳动合同法》第四十四条第二款的规定,双方的劳动合同自然终止。在劳动关系管理实务中,由于种种原因劳动者并未享受基本养老保险待遇,这种情况下劳动合同的终止问题就会成为双方争议的焦点。

[基本案情]

员工达到退休年龄,企业未缴社保,劳动合同如何处理? ❶

王某于 2007 年 9 月入职 A 公司从事操作工。2011 年 4 月 18 日,王某达到法定退休年龄。双方最后一期劳动合同期限自 2010 年 7 月 1 日起至 2012 年 12 月 31 日止。王某在 A 公司工作期间,A 公司没有为其办理社会保险,亦未将应缴纳的社会保险费以补贴的形式在王某的工资中发放。合同到期后,王某继续在 A 公司工作,直至 2014 年 10 月 10 日离开。

王某提起仲裁,仲裁庭不予受理,遂提起诉讼要求 A 公司赔偿其养老保险待遇损失 36 074 元。

[法院裁判]

依照《中华人民共和国劳动合同法实施条例》第二十一条规定,劳动者达到法定退休年龄的,劳动合同终止。2011 年 4 月 18 日,王某达到法定退休年龄,双方均依法享有终止劳动合同的权利。但是,A 公司、王某均没有提出终止劳动关系,仍然按照原相关待遇继续履行,表明双方自愿继续保持劳动关系。王某在达到法定退休年龄后,没有依法享受养老保险

---

❶ 中国裁判文书网:(2015)苏审三民申字第 01109 号。

待遇，继续向 A 公司提供劳动，A 公司也继续向王某支付劳动报酬。因此，2011 年 4 月 18 日至 2014 年 10 月 10 日期间，A 公司与王某之间的劳动关系仍然存续。

因 A 公司未为王某提供养老保险待遇，且社会保险经办机构不能补办，故 A 公司应当一次性赔偿王某养老保险待遇的损失。

[案件解析]

我国法律规定了劳动者的年龄下限，但并未规定劳动者的年龄上限，案例中的王某由于不符合《中华人民共和国劳动合同法》第四十四条第二款关于劳动者依法享受养老保险待遇终止劳动合同的规定，且在其达到法定退休年龄时劳动者与用人单位双方均未对劳动合同终止事宜作出表示，因此其劳动关系应继续延续。在此期间，王某享有劳动法规定的劳动者应该享有的所有权利，如社保缴纳、工资支付、工伤认定与赔偿等。

通过本案可以看出，如劳动者不满足于劳动者依法享受养老保险待遇终止劳动合同的规定，其达到法定退休年龄时，劳动合同并非自然终止。出于劳动风险防范的角度，企业在此时应作出劳动关系终止的明确表示，如向劳动者出具或者送达劳动合同终止告知书。如在劳动合同终止后，用人单位依然希望劳动者继续提供劳动的，可与劳动者签订劳务合同，将劳动关系转换为劳务关系。

3.1.3 劳动者死亡终止

劳动者死亡后，劳动合同的主体已经不复存在，其劳动合同自然终止。劳动者被人民法院宣告死亡或者宣告失踪的劳动合同也随之终止。

《中华人民共和国民法典》第四十条规定，自然人下落不明满二年的，利害关系人可以向人民法院申请宣告该自然人为失踪人。

《中华人民共和国民法典》第四十六条规定，自然人有下列情形之一的，利害关系人可以向人民法院申请宣告该自然人死亡：

（一）下落不明满四年；

（二）因意外事件，下落不明满二年。

[基本案情]

未签劳动合同，员工死亡后用人单位仍需作出赔偿。[1]

何某于 2017 年 10 月上旬在 A 公司上班，2018 年 4 月 1 日签订《劳动合同》。2018 年 4 月 25 日 20 时许，何某下班途中驾驶电动车时因操作不当，与路旁石柱发生碰撞，后抢救无效于 2018 年 4 月 30 日死亡。

何某的家属提起仲裁，要求 A 公司支付未签订劳动合同工资的赔偿金，仲裁庭对于何某家属的要求予以了支持。A 公司不服，遂诉至法院。

A 公司主张，死者何某自 2017 年 10 月上旬起在其公司上班，公司要求其签订劳动合同并按规定承担个人缴纳社保费用，但其拒不办理，公司因用工难原因也就未进行处理。

[法院裁判]

何某自 2017 年 10 月上旬在 A 公司上班至事发即 2018 年 4 月 25 日，其间于 2018 年 4 月 1 日签订劳动合同，双方存在事实劳动关系。根据《中华人民共和国劳动合同法》第八十二条规定"用人单位自用工之日起超过一个月不满一年未与劳动者订立书面劳动合同的，应当向劳动者每月支付二倍的工资"，A 公司应支付何某未签订劳动合同工资（2017 年 11 月至 2018 年 3 月）18 201 元。

A 公司关于"其已经与何某签订劳动合同，不应支付二倍工资"的主张于法无据，法院对此不予支持。

[案件解析]

劳动者死亡后，虽然劳动合同已经终止，但其家属仍有权对其在劳动关系中应有的权利向用人单位提出要求，用人单位在劳动关系存续期间应向劳动者履行的义务，并不随着劳动者的死亡而消除。

3.1.4 用人单位破产终止

《中华人民共和国企业破产法》第二条规定，企业法人不能清偿到期

---

[1] 中国裁判文书网：(2019) 赣 10 民终 379 号。

债务,并且资产不足以清偿全部债务或者明显缺乏清偿能力的,依照本法规定清理债务。企业法人有前款规定情形,或者有明显丧失清偿能力可能的,可以依照本法规定进行重整。

《中华人民共和国企业破产法》第七条规定,债务人有本法第二条规定的情形,可以向人民法院提出重整、和解或者破产清算申请。债务人不能清偿到期债务,债权人可以向人民法院提出对债务人进行重整或者破产清算的申请。企业法人已解散但未清算或者未清算完毕,资产不足以清偿债务的,依法负有清算责任的人应当向人民法院申请破产清算。

在法院宣布用人单位破产后,用人单位已不具备劳动关系的主体身份,其与劳动者间的劳动合同也随之终止。

根据《中华人民共和国劳动合同法》第四十六条第六款规定,用人单位依法宣告破产的,用人单位应当向劳动者支付经济补偿。

[基本案情]

企业破产时,高管的经济补偿金如何计算? ❶

2009年8月底,魏某进入A公司工作,双方约定魏某的月工资包括基本工资20 000元和汽车补助费3 000元。2010年11月26日,A公司任命魏某为公司执行总经理,直接对董事长负责,主管公司项目报建和办证工作;分管办公室的日常事务工作;协调公司内外部联系和调解,参与招商工作。

2016年10月10日,A公司的债权人向法院申请对A公司进行破产清算,法院于2016年10月28日裁定受理了债权人提出的对A公司进行破产清算的申请。2016年12月13日,法院作出破产决定书。

2017年2月,魏某向A公司提交辞职报告,该报告载明由于"众所周知的原因,目前公司经营困难,各项工作已基本停顿。本人认为继续留在公司工作,无所作为,也实在没有必要。本人也需要另行谋职养家糊口,不致让妻小流离失所,无以为继。故特向公司提出辞职"。

2017年4月,魏某向仲裁委员会提起仲裁,请求A公司向其支付经济补偿14万元,后诉至法院。

---

❶ 中国裁判文书网:(2017)湘01民初2009号。

[法院裁决]

魏某的离职理由符合上述法律规定的支付经济补偿的情形，故 A 公司应当按照 A 公司 2012 年正常生产经营状况下职工的平均工资 4 250 元/月的标准计算，魏某 2010 年 9 月入职，2017 年 2 月提出辞职，经核算 A 公司向魏某支付的经济补偿为 27 625 元（4 250 元×6.5 个月）。

[案件解析]

《中华人民共和国破产法》第一百一十三条规定，破产财产在优先清偿破产费用和共益债务后，首先应清偿破产人所欠职工的工资和医疗、伤残补助、抚恤费用，所欠的应当划入职工个人账户的基本养老保险、基本医疗保险费用，以及法律、行政法规规定应当支付给职工的补偿金；破产企业的董事、监事和高级管理人员的工资按照该企业职工的平均工资计算。

《中华人民共和国公司法》第二百一十六条规定，高级管理人员是指公司的经理、副经理、财务负责人，上市公司董事会秘书和公司章程规定的其他人员。高级管理人员在用人单位中岗位更为重要，一般而言，其薪酬水平要远高于一般员工。《中华人民共和国破产法》中关于清偿顺序的规定，本意在于保证企业破产后一般员工的基本权益，如企业破产时，在有限的债务内，在有限的清偿财产范围内，仍要以高级管理人员原有薪酬标准进行经济补偿的话，显然对一般员工不利，也对后序的债权产生不利影响。

3.1.5　用人单位关闭终止

用人单位被吊销营业执照、责令关闭、撤销或者用人单位决定提前解散的，意味着劳动合同一方主体资格消失，劳动合同归于终止。根据《中华人民共和国劳动合同法》第四十六条第六款规定，在这种情况下，用人单位应当支付经济补偿金。

[基本案情]

解散公司需要经过职工代表大会吗？❶

2008 年 3 月 20 日，吴某与 A 公司签订《劳动合同书》，合同期限从

---

❶ 中国裁判文书网：（2016）鄂 10 民终 341 号。

2008年3月30日起至2010年12月20日止，实行不定时工时制。2010年12月21日，双方再次签订了《劳动合同书》，约定合同期限为五年，从2010年12月21日起至2015年12月31日止。

2015年2月12日，A公司股东会决定提前解散公司，成立清算组，对A公司进行清算。2015年2月27日、28日，A公司清算组召开员工会议，并在厂区内张贴清算通知和《职工解聘经济补偿金明细》。

吴某提起仲裁，后诉至法院。吴某主张：我国法律明确规定，涉及劳动者切身利益的重大事项时，应当经职工代表大会或者全体职工讨论、协商。A公司在未召开职工代表大会的情况下决定解散公司违法，其后提前终止劳动合同亦违法。

[法院裁判]

是否召开职工大会，并不是解散公司的法定必备条件，不影响公司股东决定解散公司的效力。吴某认为A公司的解散未事先征求劳动者意见，解散公司的行为违法，没有法律依据，不予采信。A公司决定解散，属于法定的劳动合同终止情形。

[案件解析]

《中华人民共和国公司法》第一百八十条规定，公司因下列原因解散：

（一）公司章程规定的营业期限届满或者公司章程规定的其他解散事由出现；

（二）股东会或者股东大会决议解散；

（三）因公司合并或者分立需要解散；

（四）依法被吊销营业执照、责令关闭或者被撤销；

（五）人民法院依照本法第一百八十二条的规定予以解散。

以上关于公司解散的规定中，并未将召开职工代表大会作为企业解散的前置程序，同时从《最高人民法院关于适用〈中华人民共和国公司法〉若干问题的规定（二）》第一条的"单独或者合计持有公司全部股东表决权百分之十以上的股东，以下列事由之一提起解散公司诉讼，并符合公司法第一百八十三条规定的，人民法院应予受理"的规定可以看出解散公司是股东行使其权利的体现。

3.1.6 劳动合同终止的限制性规定

《中华人民共和国劳动合同法》第四十五条规定，劳动合同期满，有本法第四十二条规定情形之一的［具体内容见本书"（用人单位）非过失性解除劳动合同"部分］，劳动合同应当续延至相应的情形消失时终止。但是，本法第四十二条第二项规定丧失或者部分丧失劳动能力劳动者的劳动合同的终止，按照国家有关工伤保险的规定执行。

[基本案情]

劳动合同终止时员工并不知道自己已怀孕，能否要求恢复劳动关系？❶

王某、A 公司于 2012 年 6 月 1 日签订书面劳动合同，期限自 2012 年 6 月 1 日至 2014 年 6 月 30 日止，约定王某被派往大桥街道办事处做后勤辅助工作。2014 年 6 月 30 日，王某、A 公司签订《终止劳动合同协议》，约定合同期满终止，由 A 公司给予王某包括经济补偿金在内的一次性经济补偿 4 284 元，劳动合同履行期间双方无其他异议。

王某就医记录显示王某于 2014 年 8 月 1 日首次因停经 2 个月以上就诊，其当日超声检查报告单显示：宫内早孕，自述停经 63 天。

2014 年 10 月 27 日，王某向仲裁委员会申请仲裁，要求恢复与 A 公司的劳动关系。仲裁委员会裁决未支持王某的请求。王某不服，遂诉至法院。

[法院裁判]

从受孕到被确诊怀孕需借助一定的医疗手段，普通人一般无法自行及时判断，尤其是怀孕初期，因王某孕期开始至合同到期时间相隔较短，故王某在 2014 年 6 月 30 日签订《终止劳动合同协议》时的确存在不知道怀孕的可能。依据病史记录，王某首次就诊确认怀孕系在 2014 年 8 月 1 日，故王某现以存在重大误解为由要求撤销双方签订的《终止劳动合同协议》，恢复与 A 公司的劳动关系，符合法律规定。

[案件解析]

劳动合同期满时女职工在孕期的，劳动合同应当顺延至相应情形消失

---

❶ 中国裁判文书网：（2014）杨民一（民）初字第 7748 号。

时终止，故于孕期中终止劳动关系的，该终止行为违反法律规定。本案中，王某在签订《终止劳动合同协议》时虽对其已经怀孕的事实并不知情，但根据诊断记录推断此时王某已经处于怀孕状态，其本人是否知情，并不能影响该项事件的真实性。

3.2 （用人单位/劳动者）协商一致解除劳动合同

《中华人民共和国劳动合同法》第三十六条规定，用人单位与劳动者协商一致，可以解除劳动合同；第四十六条第二款规定，用人单位依照本法第三十六条规定向劳动者提出解除劳动合同并与劳动者协商一致解除劳动合同的，用人单位应当向劳动者支付经济补偿。

3.2.1 协商一致解除劳动合同的认定

协商一致解除劳动合同是指用人单位与劳动者在双方自愿的前提下，平等协商，在达成一致意见的基础上提前终止劳动合同的效力的情形。双方协商一致解除劳动合同必须满足以下三个基本条件：

① "存在合同且合同合法"，双方协商一致解除的劳动合同必须是合法有效的劳动合同。

② "合同未到期"，双方协商一致解除的劳动合同必须是在合同生效后，尚未到期前，即处于合同履行期间。

③ "双方自愿"，在协商过程中双方必须是自身真实意思的表示，不存在欺诈、胁迫、乘人之危等情形。

[基本案情]

协商解除还是违法解除？[1]

1979年1月，张某入职A公司。自2017年4月7日起，张某未至A公司上班，A公司自2017年4月起停止支付工资。2017年7月31日，A

---

[1] 中国裁判文书网：(2018) 苏02民终2635号。

公司作出《关于解除张某劳动合同的决定》，认为张某于2017年4月5日起至7月31日已累计旷工15天以上，根据劳动合同法和企业规章制度的规定，决定即日起解除与张某的劳动合同。

2017年9月，张某向劳动人事争议仲裁部门提出仲裁申请，要求A公司支付违法解除劳动合同赔偿金。

A公司向法院提交了张某2017年7月31日书写的报告1份，载明公司自2017年4月7日至今未付张某病假工资，本人提出申请即日起与A公司解除劳动合同。A公司法定代表人刘某在下方书写同意，以证明张某本人在2017年7月31日提出与公司解除劳动合同。

[法院裁判]

2017年7月31日，张某曾书写报告提出申请即日起与A公司解除劳动合同，但其提出解除劳动合同的理由是A公司自2017年4月至今未支付病假工资，故张某是根据用人单位未及时足额支付劳动报酬而要求解除劳动合同。A公司法定代表人在张某的要求解除劳动合同的报告上书写同意，但A公司并未同意张某以其主张的理由解除劳动合同。而A公司与张某解除劳动合同的理由是其长期旷工行为，严重违反了企业的规章制度，因此不能视为双方协商一致解除劳动合同。同时经法院查明，张某并未无故旷工严重违反劳动纪律，A公司作出的解除劳动合同决定属于违法解除劳动合同。

[案件解析]

协商一致解除属于劳动者和用人单位意思表示行为，应由提出认为是协商一致解除的一方提供充分证据证明属于协商一致解除，如没有证据或者证据不足以证明其事实主张的，由负有举证责任的一方承担不利后果。本案中，A公司提供证据仅能证明公司一方对于张某提出的"自2017年4月至今未支付病假工资，要求解除劳动合同"的诉求表示同意，既不能证明双方在程序上进行了平等协商，也没有在实质上对于补偿金、工作交接等问题进行约定，因而法院无法将其视作协商一致解除劳动合同。

3.2.2 协商一致解除劳动合同的提出

根据《中华人民共和国劳动合同法》的规定，由用人单位提出协商一致解除劳动合同的，用人单位应当向劳动者支付经济补偿。如果由劳动者提出解除劳动合同则不需要用人单位支付经济补偿。

在劳动关系管理实务中，经常会出现提出方认定不明的现象，从而引发用人单位是否支付经济补偿的争议。

[基本案情]

离职原因不明，如何处理？[1]

周某于 2004 年 10 月进入 A 集团，与 A 集团签订了劳动合同，先后在 A1 公司、A2 公司处工作。2016 年 3 月 2 日，周某从 A2 公司处离职，工作期间工资全部通过转账形式发放。双方一致确认劳动关系于 2016 年 3 月 2 日解除。

2017 年 2 月 24 日，周某向劳动人事争议仲裁委员会提出仲裁，A 集团、A1 公司、A2 公司向周某连带支付违法解除劳动合同的赔偿金 50 万元。后诉至法院。

周某出示了通话录音证明 A2 公司两江分公司经理让周某不用到公司上班的行为，且该行为系通话中周某口中说出，A2 公司对该证据并不认可，周某也缺乏相应《离职证明》《解除通知书》等证据加以佐证。

A 集团、A1 公司、A2 公司主张周某为主动离职，但未提供足够证据加以证实。

[法院裁判]

虽然周某与 A2 公司均一致确认双方劳动关系于 2016 年 3 月 2 日解除，但对解除的原因各执一词。周某认为系 A2 公司违法解除，却未提供相应证据予以证明。A2 公司认为系周某自动离职，亦未提供相关证据。按照由 A2 公司提出解除劳动关系，经双方协商一致同意解除劳动关系处理，故 A2 公司应向周某支付经济补偿金。

[案件解析]

《最高人民法院关于审理劳动争议案件适用法律若干问题的解释》第四十四条规定，因用人单位作出的开除、除名、辞退、解除劳动合同、减

---

[1] 中国裁判文书网：(2017) 渝 05 民终 7617 号。

少劳动报酬、计算劳动者工作年限等决定而发生的劳动争议,用人单位负举证责任。案例中,A2公司主张周某系主动离职,但无法举证,因此其主张不能被认可。同样,周某认为用人单位存在非法解除劳动合同的情形,也不能提供足够的证据。因此,法院将其视作用人单位协商解除劳动合同,并要求用人单位作出补偿。

在劳动关系管理实践中,当遇到双方都无法证明离职原因时,法院一般会作出倾向于劳动者一方的认定。四川省高级人民法院《关于审理劳动争议案件若干疑难问题的解答》(川高法民一〔2016〕1号)第二十六条规定,劳动者与用人单位均无法证明劳动者的离职原因,可视为用人单位提出且经双方协商一致解除劳动合同,用人单位应依照《中华人民共和国劳动合同法》第四十七条规定向劳动者支付经济补偿。

3.2.3 协商一致解除劳动合同的补偿金

《中华人民共和国劳动合同法》规定,用人单位向劳动者提出解除劳动合同并与劳动者协商一致解除劳动合同的,用人单位应当向劳动者支付经济补偿。

在劳动关系管理实务中,双方约定支付的补偿金会低于《中华人民共和国劳动合同法》第四十七条规定的"经济补偿按劳动者在本单位工作的年限,每满一年支付一个月工资的标准向劳动者支付。六个月以上不满一年的,按一年计算;不满六个月的,向劳动者支付半个月工资的经济补偿"中所规定的标准。在这种情况下就可能会出现劳动者在签订解除劳动合同协议后,要求追加补偿金的劳动争议。

[基本案情]

约定补偿金金额少于法定标准,员工可以追索吗?❶

陆某于2004年2月28日进入A公司工作,双方签订的最后一期劳动合同期限至2014年12月31日止。2014年5月19日,A公司向陆某提出

---

❶ 中国裁判文书网:(2015)苏中民终字第00225号。

解除劳动合同后，与陆某协商一致解除了劳动合同。同日，双方签订了《协议书》，约定：由于陆某个人发展原因向 A 公司提出辞职申请，终止劳动合同，公司在综合考虑的基础上同意该申请，同时根据陆某的工作表现给予其补偿金 18 360 元，陆某承诺辞职是职业发展的个人意愿，与公司无任何关联。

后陆某向苏州工业园区劳动争议仲裁委员会提起本案前置仲裁，要求 A 公司支付违法解除劳动合同赔偿金 95 788 元，并补缴 2004 年 2 月 28 日至 2007 年 11 月期间的社会保险。仲裁委员会作出裁决后，陆某不服，遂诉至法院。

陆某主张，A 公司提出与陆某协商解除劳动合同，A 公司应当支付陆某经济补偿金及一个月代通知金，但 A 公司仅按 1 530 元/月基数为标准向陆某支付，低于法定标准，显失公平，应当足额支付。

[法院裁判]

陆某与 A 公司经协商一致解除了劳动合同，并就经济补偿金达成了协议，虽双方约定的经济补偿标准低于法定标准，但该约定系陆某对其实体权利的自由处分，是其真实意思表示，并不存在重大误解或显失公平的情形，应当认定合法有效。A 公司已按照该协议的约定支付了经济补偿金，陆某再次向 A 公司主张经济补偿金，法院不予支持。

[案件解析]

《最高人民法院关于审理劳动争议案件适用法律若干问题的解释（三）》第十条规定，劳动者与用人单位就解除或者终止劳动合同办理相关手续、支付工资报酬、加班费、经济补偿或者赔偿金等达成的协议，不违反法律、行政法规的强制性规定，且不存在欺诈、胁迫或者乘人之危情形的，应当认定有效。

《中华人民共和国劳动合同法》第四十七条中，关于补偿金的规定，是否属于"强制性规定"在劳动关系管理实务中仍存在一定的争议，从司法实践看，对于协商解除劳动合同时违约金的数额，仲裁机构和法院一般以用人单位与劳动者双方合意的结果为准。在用人单位能够提供足够证据表明自身在与劳动者约定补偿金时，不存在欺诈、胁迫或者乘人之危情形，劳动者签订的解除劳动合同协议完全出于自己真实的意思的表示，双方约定的补偿金数额可以不受到《中华人民共和国劳动合同法》第四十七条的限制。

3.2.4 协商一致解除劳动合同协议的签订

协商一致解除劳动合同只要双方达成合意，就可解除劳动合同，其限制性条件相对较少，因此也被看作所有解除劳动合同方式中最为"稳妥"的方式。协商解除劳动合同需要双方协商一致后，签订书面协议书，明确双方的有关权利、义务，将协商的成果固定下来，防止在今后可能发生的劳动争议中出现无法举证的情况，协议中应至少包括以下四点：

①解除劳动合同的提出者是用人单位还是劳动者。

②解除劳动合同后，用人单位的义务（应付工资、补偿金金额及支付日期等）。

③解除劳动合同后劳动者的义务（工作交接、财物返还、保密义务等）。

④约定"劳动合同解除后，双方不存在任何劳动争议"的条款。

协商一致解除劳动合同虽然是出于用人单位与劳动者双方的合意，但是其并不能排除劳动法规定的用人单位的法定义务，如发放薪酬、缴纳社保、提供劳动保护等。

[基本案情]

约定"社保无争议"后可以要求补缴社保吗？❶

2003年12月22日，沐某入职A公司，担任国际营销总监。2015年7月20日，A公司与沐某签订《离职协议书》，载明经甲乙双方协商一致，双方自2015年7月15日起解除劳动关系，双方约定经济补偿金共计232 668元，作为双方协商一致解除劳动合同的经济补偿金。

双方确认：双方在《劳动合同》履行期间及《劳动合同》终止后，双方不存在任何劳动争议（包括但不限于工资、提成工资、奖金、社会保

---

❶ 中国裁判文书网：(2019) 京0108民初54105号。

险、住房公积金、加班工资、经济补偿金等各项涉及劳动关系方面产生的争议)。

A公司为沐某缴纳社会保险的缴费基数低于其工资标准，沐某对此进行了投诉，2019年3月22日行政部门作出社会保险稽核通知书，后A公司进行了补缴，并支付了相应的滞纳金。

A公司提起仲裁，要求沐某返还离职补偿、保密协议金，后诉至法院。

[法院裁判]

社会保险费的及时足额缴纳是用人单位和劳动者的法定义务，双方对社会保险不存在争议、限制主张社会保险权利，以及劳动者若主张则应承担不利后果的约定，均属于违反法律强制性规定、破坏社会保险征缴秩序、损害公共利益的行为，此类约定应为无效，因此法院对A公司的要求不予支持。

[案件解析]

依据"法定大于约定"的原则，用人单位与劳动者签订的《解除劳动合同协议书》中约定的条款不能违反法律法规的强制性规定。《中华人民共和国社会保险法》第四条规定，中华人民共和国境内的用人单位和个人依法缴纳社会保险费，有权查询缴费记录、个人权益记录，要求社会保险经办机构提供社会保险咨询等相关服务。

本案中，虽然协商一致解除劳动合同时，沐某与A公司约定"《劳动合同》终止后，双方不存在任何劳动争议"，但A公司未能为沐某足额缴纳社保的行为已经违反了法律的强制性规定，与沐某签订《离职协议书》已经部分无效。沐某在离职后向当地劳动行政部门进行投诉的行为合理合法。

3.3 （劳动者）预告性解除劳动合同

劳动者预告性解除劳动合同是指在用人单位没有过失的情况下，劳动者以预告通知的方式单方面解除劳动合同的情形。《中华人民共和国劳动合同法》第三十七条规定，劳动者提前三十日以书面形式通知用人单位，可以解除劳动合同。劳动者在试用期内提前三日通知用人单位，可以解除劳动合同。

3.3.1 劳动者提前通知用人单位的方式

从保护劳动者劳动权益出发，法律赋予了劳动者单方解除劳动合同的权利，有利于劳动力的自由流动，充分实现了人力资源的高效配置。同时，为了防止劳动者滥用辞职权给用人单位的生产经营带来损害，法律对于劳动者的辞职权增加了 30 天预告期的限制。劳动者进行预告性解除劳动合同时应采用书面形式，在劳动管理管理实务中一般以《辞职书》或《辞呈》的方式体现。

试用期是劳动者与用人单位相互了解、相互考察的阶段，双方的劳动关系尚不稳定，因此试用期劳动者解除劳动合同的预告期只有 3 天，法律上也并未作出强制性的书面要求，口头通知亦可。

[基本案情]

一句"我不干了"能视作劳动者通知用人单位了吗？❶

赵某于 2008 年 5 月 5 日入职 A 公司，同日双方签订了期限为 2 年的劳动合同，约定赵某的工作岗位为 SrDeveloper。2013 年 8 月 20 日，赵某在例会上与领导发生争吵。赵某称其仅说了一句气话"我不干了"，并没有辞职的真实意思，A 公司称赵某口头提出辞职。后 A 公司通知赵某批准其辞职申请，要求其于 2013 年 9 月 2 日至 13 日休假，9 月 13 日前完成离职交接手续。

赵某主张 A 公司抓住其争吵时的一句气话"我不干了"，以此为由，不听赵某的任何解释，在无任何书面文件的情况下要求其限期离职。A 公司的行为严重违反《中华人民共和国劳动合同法》的规定，属于违法解除劳动合同，遂提起仲裁，后诉至法院。

[法院裁判]

赵某认可其曾向 A 公司表示"我不干了"，对此其解释称该表示是气话，不是其真实意思表示。依照民法理论，虚假的意思表示不产生效力，但赵某

---

❶ 中国裁判文书网：(2014) 三中民终字第 08539 号。

必须举证证明其所作出的意思表示不真实。赵某关于"我不干了"是气话的主张，只有其个人陈述，没有其他证据予以佐证，在 A 公司对此不予认可的情况下，赵某关于其意思表示不真实的上诉主张，没有事实依据，法院不予支持。

[案件解析]

从该案件可以看出，劳动者的口头辞职行为仍会被仲裁机构或者法院认可，但本着"谁主张，谁举证"的原则，相关一方必须举证证明其真实性。案例中，赵某和用人单位对于例会中赵某的"我不干了"一句话表示认可，虽然赵某表示当时是一时气愤的过激言语，但无法举证其并非真实意思的表示。

劳动者的口头辞职行为往往举证困难，容易引起劳动争议，用人单位应在劳动者口头提出辞职后，及时要求其补办辞职手续并签字确认，以保留书面记录作为证据。

3.3.2 劳动者提出辞职后能否反悔撤销

在劳动关系管理实践中，一些劳动者会由于一时的激动情绪贸然向用人单位辞职或者由于发出辞职申请后新单位并未录用等原因，希望撤销其辞职申请，从而引发与用人单位的劳动争议。

《中华人民共和国劳动合同法》第三十七条的规定赋予了劳动者单方面解除劳动合同的权利，即劳动者具有辞职权。一旦劳动者作出单方面解除劳动合同的意思表示，无论用人单位是否同意，双方签订劳动合同的效力归于消灭。劳动者行使辞职权后，用人单位是否作出反应、双方是否办理交接均与辞职权无涉，劳动者的事后反悔行为亦不影响辞职权的生效。

[基本案情]

劳动者撕毁辞呈，其辞职行为是否有效？[1]

秦某于 1993 年进入 A 公司工作，2015 年 9 月 18 日秦某出现违规运输

---

[1] 中国裁判文书网：（2020）苏 03 民终 2027 号。

的工作失误，2015 年 11 月 4 日，秦某向 A 公司出具一份辞职报告，内容为：由于个人家庭原因，不能在公司继续工作了。公司收到该辞职申请后由两名管理人员签字同意。此后几天，秦某到公司人事工作人员邵某处要回上述辞职报告并撕毁。秦某主张其不愿辞职便收回辞职报告，A 公司主张秦某以查看有无遗漏内容为由要回辞职报告，进而将其撕毁。2015 年 11 月 13 日，A 公司召开会议讨论违规运输物品事宜，决定解除与秦某的劳动合同并不支付经济补偿金，2015 年 11 月 16 日，A 公司向秦某送达解除劳动合同的通知。

秦某主张 A 公司与其解除劳动合同的行为是违法解除劳动合同，要求 A 公司对其进行赔偿。

[法院裁判]

本案的焦点在于秦某与 A 公司劳动关系的解除方式，秦某于 2015 年 11 月 4 日向 A 公司提交了书面辞职报告，其辞职的意思表示已明确到达 A 公司处，A 公司在知悉其辞职表示后亦认可批准，并经部门相关负责人签字同意。故依照上述法律之规定，双方劳动合同关系已经秦某行使单方解除权而告解除。

劳动合同仅需解除一次，合同解除后，双方劳动关系便已不复存在，A 公司后来再行出具解除通知的行为，并不影响在先劳动者单方解除劳动合同之行为的效力。

[案件解析]

劳动者单方提出解除劳动合同要求后，一经到达用人单位便已生效，劳动者的撤回行为无效。本案中，秦某的辞职报告已经被 A 公司人事部门接收，即便秦某后来将其讨回后撕毁，仍无法改变辞职意思表达的事实。从用人单位的管理角度看，一旦收到了劳动者辞职的申请就可能会开展员工招聘、岗位调整等活动以应对劳动者离职后的岗位空缺，如果劳动者可以任意撤销其辞职申请，则会给用人单位带来损失。

3.3.3 劳动者闪辞的赔偿

在劳动关系管理实践中，一些劳动者会违反单方面解除劳动合同提前通知的限制，出现闪辞现象，即在未提前30日通知用人单位的情况下提出离职。

在这种情况下，用人单位可以依据《中华人民共和国劳动合同法》第九十条"劳动者违反本法规定解除劳动合同，或者违反劳动合同中约定的保密义务或者竞业限制，给用人单位造成损失的，应当承担赔偿责任"的规定，要求劳动者赔偿用人单位的损失。

《违反〈劳动法〉有关劳动合同规定的赔偿办法》第四条规定，劳动者违反规定或劳动合同的约定解除劳动合同，对用人单位造成损失的，劳动者应赔偿用人单位下列损失：

（一）用人单位招收录用其所支付的费用；

（二）用人单位为其支付的培训费用，双方另有约定的按约定办理；

（三）对生产、经营和工作造成的直接经济损失；

（四）劳动合同约定的其他赔偿费用。

［基本案情］

员工闪辞，用人单位可以要求补偿吗？❶

2012年3月1日黄某进入A公司工作，工作至2014年3月31日。双方签订了期限自2014年1月1日至2016年12月31日的劳动合同。黄某系主动辞职，且未提前30天通知公司。A公司以公司规章制度规定员工急需离职，经公司批准后只能按70%标准发放当月工资为由，扣发黄某2014年3月工资1 400元。

黄某提起仲裁，后诉至法院。

A公司主张，黄某的闪辞造成岗位人员缺少，给公司造成直接经济损失达2 226.29元，扣除暂扣1 400元外，A公司将保留继续追究黄某赔偿剩余经济损失的权利。

［法院裁判］

黄某未依法提前30日以书面形式通知A公司辞职，给A公司造成损失的，应予赔偿。赔偿损失则需事后计算损失，以实际损失为依据。A公

---

❶ 中国裁判文书网：(2015)长中民四终字第00323号。

司并未提交证据证明因黄某的辞职行为给 A 公司造成了损失。

《中华人民共和国劳动法》第五十条规定，工资应当以货币形式按月支付给劳动者本人。不得克扣或者无故拖欠劳动者的工资。A 公司暂扣黄某工资的行为，于法无据，应予以支付。

[案件解析]

用人单位要求劳动者赔偿损失时，需要承担举证责任。首先，要举证证明损失的现实存在性；其次，要证明损失的相关性，即证明损失的发生是由劳动者未提前 30 天辞职而造成的。本案中，黄某的闪辞行为虽然给 A 公司的生产运营带来不便，但是 A 公司并未出示有效证据证明黄某突然离职给用人单位带来损失的数额，因此法院对其要求不予支持。

3.3.4　用人单位如何应对劳动者"不辞而别"

劳动者不辞而别是指劳动者不履行提前通知的义务直接离开工作岗位的行为，甚至出现"微信拉黑""手机关机"的现象。

劳动者不辞而别并不意味着劳动者与用人单位间的劳动关系终止，在劳动者没有明确终止劳动关系的意思表示，用人单位也没有终止劳动关系的意思表示时，双方的劳动关系并不能当然终止。

《最高人民法院关于审理劳动争议案件适用法律若干问题的解释（二）》第一条规定，因解除或者终止劳动关系产生的争议，用人单位不能证明劳动者收到解除或者终止劳动关系书面通知时间的，劳动者主张权利之日为劳动争议发生之日。如果用人单位在劳动者不辞而别时，不积极采取措施进行应对，则很可能给自己带来一定的劳动风险。在这种情况下，用人单位应根据用人单位的相关制度积极与劳动者解除劳动关系，以降低劳动争议的风险，有以下五个方面内容：

（1）保留考勤记录，证明劳动者旷工

当劳动者出现不辞而别的情形时，用人单位在事件发生当天就可以将其记录为旷工，当旷工时间累积到一定天数时，可以根据劳动合同规定或者用人单位规章制度，根据劳动者之前预留的通信地址向其邮寄《旷工通知书》，并在《旷工通知书》中要求劳动者必须在××日内返工，否则将以"严重违纪"为由与之解除劳动合同。

（2）发放《解除劳动合同通知书》

用人单位在发放《旷工通知书》后，劳动者仍未按照规定返工的，用人单位可依据其规章制度以"连续旷工达××日，严重违反规章制度"为由向劳动者预留的通信地址发放《解除劳动合同通知书》。

（3）及时足额向劳动者发放工资

《工资支付暂行规定》规定，除以下情况外其他情况下拖欠工资均属无故拖欠：①用人单位遇到非人力所能抗拒的自然灾害、战争等原因、无法按时支付工资；②用人单位确因生产经营困难、资金周转受到影响，在征得本单位工会同意后，可暂时延期支付劳动者工资。法律规定的用人单位可以延迟发放工资的情形，并不包括劳动者不辞而别的情形，如不辞而别的劳动者仍有未结清的工资，用人单位应按照劳动合同的约定及时发放工资。用人单位工资支付出现障碍时如劳动者预留银行账号失效、劳动者微信将用人单位所有人员拉黑、劳动者失联无法支付现金等，用人单位应保留其尝试向劳动者支付工资行为的证据，以证明其并非在主观上拒绝支付工资。

（4）及时办理档案和社保转出

《中华人民共和国劳动合同法》第五十条规定，用人单位应当在解除或者终止劳动合同时出具解除或者终止劳动合同的证明，并在十五日内为劳动者办理档案和社会保险关系转移手续。

（5）做好劳动者造成损失证据的收集

如劳动者的不辞而别给用人单位造成损失的，用人单位应积极收集证据以供未来仲裁或诉讼使用。

[基本案情]

员工连续旷工，可以视为自动离职吗？[1]

李某于2007年7月10日入职A公司，双方签订的最后一份劳动合同

---

[1] 中国裁判文书网：（2013）海民初字第26381号。

期限为 2010 年 6 月 30 日至 2013 年 6 月 30 日。

李某主张 2013 年 4 月 7 日 A 公司对其调整工作地点但未按照原有职务安排工作，导致其无法工作而离职，李某就其主张提交新闻网页截图。

A 公司就其主张提交员工手册，其中规定："月累计旷工三天（含）以上，或年累计旷工三天（含）以上，按照自动离职处理，公司不承担相关经济责任。"A 公司并未就公司口头告知李某解除劳动关系的主张提交证据予以证明。

[法院裁判]

法院认为，A 公司员工手册规定的"月累计旷工三天（含）以上，或年累计旷工三天（含）以上，按照自动离职处理，公司不承担相关经济责任"与法律法规的规定相悖，如 A 公司认为李某存在旷工的行为应行使用人单位的解除权，而本案 A 公司并无证据证明 2013 年 4 月 7 日李某未到岗工作的原因系因李某个人原因所致，更无证据证明公司以李某旷工为由行使解除权。

又因李某表示系因 A 公司调整其工作地点，但未按原职务安排工作致其无法继续工作而离职，故而导致双方劳动关系解除，但李某也无充分证据证明其所述的劳动关系解除原因。在此情况下，因 A 公司负有劳动关系解除原因的举证责任，加之双方均无存续劳动关系的意愿，故法院认定双方协商一致由 A 公司提出解除劳动合同，A 公司应支付经济补偿金。

[案件解析]

此案中，法院认定 A 公司"月累计旷工三天（含）以上，或年累计旷工三天（含）以上，按照自动离职处理"的规定并不能引起劳动关系的自动解除，A 公司应主动作出劳动关系解除的意思表示，如向李某发放《解除劳动合同通知书》。

在劳动关系管理实务中，当员工不辞而别时，用人单位应积极作出与之解除劳动合同的表示，如并未处理则可能被视为双方劳动关系依然存在。

3.4 （劳动者）被迫解除劳动合同

被迫解除劳动合同是指用人单位存在过失，劳动者可以此为由通知用人单位解除劳动合同并要求用人单位进行经济补偿。

《中华人民共和国劳动合同法》第三十八条规定，用人单位有下列情形之一的，劳动者可以解除劳动合同：

（一）未按照劳动合同约定提供劳动保护或者劳动条件的；

（二）未及时足额支付劳动报酬的；

（三）未依法为劳动者缴纳社会保险费的；

（四）用人单位的规章制度违反法律、法规的规定，损害劳动者权益的；

（五）因本法第二十六条第一款规定的情形致使劳动合同无效的；

（六）法律、行政法规规定劳动者可以解除劳动合同的其他情形。

用人单位以暴力、威胁或者非法限制人身自由的手段强迫劳动者劳动的，或者用人单位违章指挥、强令冒险作业危及劳动者人身安全的，劳动者可以立即解除劳动合同，不需事先告知用人单位。

3.4.1 未按照劳动合同约定提供劳动保护或者劳动条件

提供劳动保护是指用人单位需要向劳动者提供相应的装备、设施、器具等确保其工作安全，如口罩、手套、通风设施等。提供劳动条件是指用人单位向劳动者提供必需的工作中所必备的条件，如机器设备、劳动工具等。用人单位未向劳动者提供相应的劳动保护或者工作条件，不但会使劳动者被迫离职，还可能违反了国家关于安全生产的有关规定，需承担相应的法律责任。

《中华人民共和国安全生产法》第四十五条规定，生产经营单位必须为从业人员提供符合国家标准或者行业标准的劳动防护用品，并监督、教育从业人员按照使用规则佩戴、使用。

《中华人民共和国安全生产法》第九十九条规定，生产经营单位未为从业人员提供符合国家标准或者行业标准的劳动防护用品的，责令限期改正，可以处五万元以下的罚款；逾期未改正的，处五万元以上二十万元以下的罚款，对其直接负责的主管人员和其他直接责任人员处一万元以上二万元以下的罚款；情节严重的，责令停产停业整顿；构成犯罪的，依照刑法有关规定追究刑事责任。

[基本案情]

企业要求停工，能否作为被迫解除劳动合同的理由？❶

2005年11月16日，胡某入职A公司。2019年6月3日，A公司发出《停工通知书》，内容为"公司因中美贸易战及中国经济下行等多方面的因素影响，订单锐减，生产开工不足，为渡过难关，现公司决定对部分职员工停工停产，具体安排如下：（一）停工时间：自2019年6月4日至2019年11月30日，共6个月。（二）停工期间工资按以下标准发放：2019年6月的工资按原有工资待遇不变，正常发放；2019年7月至2019年11月的工资按东莞市最低工资标准的80%发放，即每月1 376元。（三）停工期间，公司不安排工作，停工结束，需按公司上班规定正常上班"。胡某属于停工员工。

胡某依据《中华人民共和国劳动合同法》第三十八条的规定，通知A公司于2019年6月24日解除双方劳动关系。其后，胡某提出仲裁，要求A公司支付胡某解除劳动关系的经济补偿金。仲裁委员会驳回胡某请求后，胡某诉至法院。

[法院裁判]

A公司已提交相关证据证明其出现经营困难的情形，且A公司停工限产的期限未超过合理期限，《停工通知书》上载明的停工限产期间发放的工资标准亦符合《广东省工资支付条例》第三十九条的规定，不符合需向胡某支付经济补偿金的情形。

[案件解析]

停工属于企业经营的特殊情形，法律并未明文规定用人单位停工的条件，但用人单位需要举证证明其出现经营困难。另外，根据《工资支付暂行规定》第十二条规定，非因劳动者原因造成单位停工、停产在一个工资支付周期内的，用人单位应按劳动合同规定的标准支付劳动者工资。超过一个工资支付周期的，若劳动者提供了正常劳动，则支付给劳动者的劳动

---

❶ 中国裁判文书网：（2020）粤19民终1324号，（2019）粤1972民初17773号。

报酬不得低于当地的最低工资标准;若劳动者没有提供正常劳动,应按国家有关规定办理。各地方政府也就企业停工期的时间、工资支付等作出了相应的规定。用人单位安排停工时要遵守相关法律规定,否则很有可能被视作强迫员工"停工""停产"。

3.4.2 未及时足额支付劳动报酬

《工资支付暂行规定》第七条规定,工资必须在用人单位与劳动者约定的日期支付。

《工资支付暂行规定》规定,除以下情况外,其他情况下拖欠工资均属无故拖欠:①用人单位遇到非人力所能抗拒的自然灾害、战争等原因,无法按时支付工资;②用人单位确因生产经营困难、资金周转受到影响,在征得本单位工会同意后,可暂时延期支付劳动者工资,延期时间的最长限制可由各省、自治区、直辖市劳动行政部门根据各地情况确定。

[基本案情]

企业未经员工同意降低工资标准,员工被迫解除劳动合同。❶

2016年12月20日,陈某与A公司签订劳动合同书,约定A公司将陈某派遣至B公司工作。

2017年9月20日前,陈某为正常班;2017年9月20日后,陈某的班次为白夜休休。2017年5月至9月,陈某的岗位工资为3 000元;2017年10月至2018年4月,陈某的岗位工资为2 000元;2017年5月至11月,陈某的绩效奖金为730元左右;2017年12月至2018年4月,陈某的绩效奖金为490元左右。

2018年4月19日,陈某以未按时足额支付工资、加班费等为由提出与A公司解除劳动关系。

A公司主张,其每月向陈某发放工资明细的邮件,陈某对工资构成知晓且同意。陈某表示收到邮件,但不同意降低工资标准,其向公司口头提出了异议。

---

❶ 中国裁判文书网:(2018)京0105民初87877号。

[法院裁判]

用人单位与劳动者就劳动合同内容的变更应协商一致；劳动者的工资报酬属于劳动合同的内容之一，A 公司、B 公司降低陈某的基本工资标准，未取得陈某同意，缺乏法律依据。陈某因此离职，A 公司应支付解除劳动关系经济补偿金 8 126.18 元。B 公司作为用工单位，应承担连带责任。

[案件解析]

《中华人民共和国劳动合同法》第三十八条中的"未及时足额支付劳动报酬"的规定是指用人单位未依据劳动合同的规定向劳动者足额发放报酬。劳动报酬的调整属于劳动合同变更的重要内容，必须经过用人单位与劳动者双方协商一致后，才可执行。用人单位在未经劳动者同意的情况下擅自降低其劳动报酬的标准，不但需要补充两者间的差额，还可能会承担"劳动者被迫解除劳动合同"的赔偿风险。

3.4.3　未依法为劳动者缴纳社会保险费

依据《中华人民共和国社会保险法》规定，用人单位应该履行缴纳社保的义务。《中华人民共和国社会保险法》第四条规定，中华人民共和国境内的用人单位和个人依法缴纳社会保险费，有权查询缴费记录、个人权益记录，要求社会保险经办机构提供社会保险咨询等相关服务。个人依法享受社会保险待遇，有权监督本单位为其缴费情况。自 2018 年国地税合并后，社保费逐步划归税务部门统一征收，自 2020 年 11 月起，社保费已全部由税务部门征收。如果用人单位未为劳动者缴纳或未足够缴纳社会保险，将会给企业带来巨大的法律风险。

[基本案情]

员工自愿签订放弃社保申明书后，以企业不缴纳社保为由要求经济补偿。❶

2011 年 8 月 11 日，王某进入 A 公司工作，从事针车车包岗位（工

---

❶ 中国裁判文书网：(2016) 浙民申 1780 号，(2015) 浙温民终字第 2746 号。

种），双方签订了书面劳动合同。

工作期间，王某自愿签订了一份放弃社保申明书，表示不愿投保并同意 A 公司将应支付的社保份额计入计件薪酬。王某每月工资包括基本工资、加班工资、社会保险补贴及计件工资。

2015 年 3 月 25 日，王某通过挂号信向 A 公司邮寄一份《解除合同通知书》，称因公司没有为其缴纳社会保险费，提出被迫解除劳动关系。

王某于 2015 年 3 月 20 日向劳动仲裁委申请仲裁，要求 A 公司补缴社保，并要求支付解除合同的经济补偿金，后诉至法院。

王某主张《自愿放弃社保申明书》系单位预先打印好的格式合同且是表格式的，所有入职员工都要签字，不是申请人的真实意思表示。

[法院裁判]

依照相关法律的规定，用人单位和劳动者必须依法参加社会保险，缴纳社会保险费。社会保险费的缴纳，由单位和个人共同负担，缴费个人应当缴纳的社会保险费，由所在单位从其本人工资中代扣代缴。王某作出的放弃社会保险，由 A 公司将其应负担的社会保险费计入工资的声明，不符法律规定，属于无效约定，A 公司应当依法为王某补缴社会保险费，王某应当返还 A 公司社会保险补贴。王某自愿承诺放弃参加社会保险，现又以 A 公司不办理社会保险解除合同为由要求 A 公司支付经济补偿，于法无据。否则有可能导致劳动者一方面要求将社会保险费用计入工资发放，另一方面又主张补缴保险费并支付经济补偿金的道德风险。

王某虽主张该《自愿放弃社保申明书》并非自愿签订，因其未提供相应的证据，法院不予采纳。

[案件解析]

社会保险是国家强制保险，为职工办理社会保险是用人单位法定义务。无论是用人单位还是劳动者都无权对其进行更改，劳动者签订的《自愿放弃社保申明书》违反了法律强制性规定，属于无效约定。即使签订本协议，用人单位也应当履行为劳动者缴纳社保的义务。劳动者签订《自愿放弃社保申明书》后，能否以用人单位不缴纳社保为由要求经济补偿，具有一定争议，要针对具体情况作出裁定。

3.4.4 用人单位的规章制度违反法律、法规的规定，损害劳动者权益

用人单位的规章制度违反法律、法规和损害劳动者权益是该项条款在"被迫解除"情形下得以应用的两项条件，即便用人单位的规章制度违反了法律、法规的规定，劳动者也要举证证明用人单位的这一行为对其权益进行了损害。

[基本案情]

拒绝加班，罚款 200 元合理吗？[1]

2005 年 11 月，胡某应聘到 A 公司从事手工贴皮工作。经多次续订至 2016 年 12 月 31 日，劳动报酬约定为计时形式，采用综合计算工时制。2016 年 12 月，因公司订单增多，为赶工作进度，公司要求统一加班。2016 年 12 月 31 日，胡某于当晚 9 点下班；2017 年 1 月 1 日，胡某于当晚 8 点下班。A 公司车间管理人员因胡某未按规定时间下班一事与胡某发生争执。2017 年 1 月 3 日，A 公司发布了由车间主任李某及分管生产的部长宋某签字的通告，其内容表明，胡某擅自离岗不加班，其个人行为影响了车间整体产品延误交付，已严重违反了公司员工行为准则管理之规定，且性质非常恶劣，给予胡某罚款 200 元的处罚。胡某遂不去 A 公司工作，2017 年 2 月 6 日胡某提起仲裁，要求 A 公司支付经济补偿金，当地仲裁委支持胡某的请求。A 公司不服，诉至法院。

[法院裁判]

《中华人民共和国劳动法》明确规定了劳动时间，且规定了加班应与劳动者协商一致，A 公司违反了劳动法关于劳动时间的强制性规定。根据《中华人民共和国劳动合同法》第三十八条第一款第四项的规定，用人单位的规章制度违反法律法规的规定，损害劳动者权益的，劳动者可以解除劳动合同。根据《中华人民共和国劳动合同法》第四十六条规定，上述情

---

[1] 中国裁判文书网：（2018）鄂 05 民终 935 号。

况下，用人单位应当支付经济补偿金。

[案件解析]

本案中，A公司要求劳动者加班的行为已经违反了劳动法规的相关规定，同时A公司以拒绝加班为名向胡某作出罚款200元的惩罚造成了对胡某利益的损害，符合《中华人民共和国劳动合同法》第三十八条第一款第四项的规定的应用条件。A公司发布的通告对罚款原因、罚款对象、罚款金额等关键性内容表述清晰，且带有车间主任和分管部长的签字，具有足够权威性和真实性，完全能够作为胡某的举证证据。

3.4.5 以欺诈、胁迫的手段或者乘人之危订立和变更的劳动合同

《中华人民共和国劳动合同法》第二十六条第一款规定，以欺诈、胁迫的手段或者乘人之危，使对方在违背真实意思的情况下订立或者变更劳动合同的，劳动合同无效或者部分无效。在这种情况下，劳动者可以解除劳动合同。

在劳动关系管理实务中，用人单位"胁迫"或者"乘人之危"与劳动者签订劳动合同的情况并不多见，涉及条款的劳动争议主要集中在用人单位与劳动者签订或者变更劳动合同时是否存在"欺诈"行为。这里的欺诈行为是指用人单位告知劳动者虚假情况，或者向劳动者隐瞒真实情况，从而诱导劳动者作出非真实意思表示的行为。

[基本案情]

企业如何证明自己尽到了告知义务？[1]

2013年9月26日，徐某入职A公司（某化工生产企业），从事操作工工作。2018年7月24日，徐某向A公司递交终止劳动合同通知书。2018年8月8日徐某提起仲裁，后诉至法院。

徐某主张，其离开A公司是由于A公司隐瞒了工作中存在的劳动危害

---

[1] 中国裁判文书网：(2018) 苏0116民初6295号。

和职业病风险，A公司与徐某订立劳动合同时，未将工作中可能产生的职业病危害及其后果、职业病防治措施和待遇等如实告知徐某。依据《中华人民共和国劳动合同法》第三十八条解除与A公司之间的劳动合同，故徐某起诉至法院，要求A公司支付经济补偿金。

A公司主张，虽然在劳动合同中没有告知劳动者危害的记载，但A公司通过其他方式进行了公示告知。徐某的岗前培训，特别提到注意事项"进入CS2房间测量液位时需要佩戴防毒面罩"，A公司针对危害物质发放有劳保用品工作服及防毒面罩口罩，以防劳动者受到侵害。工作区域的值班室门口、楼道及值班区域的大门口均有"CS2系有毒有害物质，进入本区域必须戴防毒面具"等告知牌。

[法院裁判]

A公司系化工生产企业，徐某在入职A公司时，对工作岗位中可能存在的有毒有害因素，应当是可预见的。徐某从事CS2回收工作，其工作区域有相应告知牌，且A公司对徐某进行了CS2岗位培训及职业健康体检，应当认定其不存在相关隐瞒行为。徐某并不能举证证明A公司在与其订立或者变更劳动合同的过程中，存在欺诈、胁迫或者乘人之危的行为，因此徐某要求赔偿的主张法院不予支持。

[案件解析]

《中华人民共和国劳动合同法》第八条规定，用人单位招用劳动者时，应当如实告知劳动者工作内容、工作条件、工作地点、职业危害、安全生产状况、劳动报酬，以及劳动者要求了解的其他情况。用人单位在与劳动者签订或变更劳动合同时，需要尽到告知义务，当劳动者主张其签订或者变更劳动合同时受到了用人单位"欺诈"，而非依据自身真实意思时，必须提供相应的证据。本案中，双方签订的劳动合同中虽然没有告知劳动危害的内容，但通过岗前培训、公告警示、职业健康检查等方式尽到了自身的告知义务，徐某无法提供有效的证据证明自己受到了欺诈。因此，用人单位在与劳动者签订劳动合同时应在合同条款和附件中，向劳动者告知关键性内容。无法在合同文本中告知的，用人单位需通过其他证据表明自身已经尽到了告知义务，以避免未来涉嫌"欺诈"劳动者。

3.4.6 不需事先告知用人单位，劳动者直接解除劳动合同的情况

暴力胁迫、限制人身自由、强令冒险作业等行为是严重违法行为，用人单位不仅会面临劳动者被迫解除劳动合同的风险，还有可能构成非法拘禁、故意伤害、强令冒险作业等刑事犯罪。

《中华人民共和国劳动法》第九十六条规定，用人单位有下列行为之一，由公安机关对责任人员处以十五日以下拘留、罚款或者警告；构成犯罪的，对责任人员依法追究刑事责任：

（一）以暴力、威胁或者非法限制人身自由的手段强迫劳动的；

（二）侮辱、体罚、殴打、非法搜查和拘禁劳动者的。

《中华人民共和国劳动合同法》第八十八条规定，用人单位有下列情形之一的，依法给予行政处罚；构成犯罪的，依法追究刑事责任；给劳动者造成损害的，应当承担赔偿责任：

（一）以暴力、威胁或者非法限制人身自由的手段强迫劳动的；

（二）违章指挥或者强令冒险作业危及劳动者人身安全的；

（三）侮辱、体罚、殴打、非法搜查或者拘禁劳动者的；

（四）劳动条件恶劣、环境污染严重，给劳动者身心健康造成严重损害的。

用人单位通过暴力胁迫、限制人身自由等手段强迫劳动者劳动已经对劳动者人身自由权乃至生命权造成了损害，用人单位及相关责任人需对其承担法律责任。2007年震惊全国的"黑砖窑案"中，包工头衡某被判处无期徒刑，打手赵某被判处死刑，窑主王某获刑9年。

违章指挥、强令冒险作业是指用人单位在明知道存在危险或者违反规章制度情况下依然要求劳动者劳动的行为，在这种情况下，劳动者的健康权乃至生命安全会受到侵害。

[基本案情]

强迫司机超载，劳动者直接离职。❶

郑某是A公司的员工，职务是司机，双方没有签订劳动合同，有参加

---

❶ 中国裁判文书网：（2018）粤1802民初971号。

社会保险。A公司于2017年11月17日要求员工送货到韶关市××县，当天原安排郑某、陈某2位员工送货，《送货单》证明A公司当天送货的客户为××铝业，货物为单价4元的98%硝酸2 775kg。2017年11月17日，送货的车牌号为粤R×××××，此车型为小型货车，限载1.5吨。郑某主张，由于A公司当天运送的货物差不多3吨，严重超载，故拒绝A公司的工作安排，A公司法定代表人张某以此为由，致电郑某要求其不服从工作安排就结清工资辞职，郑某于当天上午10点左右离开A公司。郑某提起仲裁，要求A公司赔偿补偿金，后诉至法院。

[法院裁判]

A公司的粤R×××××小型货车限载1.5吨。2017年11月17日，粤R×××××超载运送单价4元的98%硝酸2 775kg，郑某在庭审中主张因超载而拒绝运送，并于当天上午10点左右离开A公司，再没有回A公司上班。郑某主张A公司口头将其辞退没有提供依据，视其于2017年11月17日向A公司解除劳动关系。根据《中华人民共和国劳动合同法》规定，用人单位违章指挥、强令冒险作业危及劳动者人身安全的，劳动者可以立即解除劳动合同，不需事先告知用人单位。A公司应向郑某支付经济补偿。

[案件解析]

一些用人单位出于成本和效率的考虑，会在明知道违反规定的情况下强迫劳动者进行劳动，从而使劳动者置于危险的境地。本案中的《送货单》和小货车的限载量表明：A公司在小货车超载量达到80%的情况下，依然要求郑某出车送货。劳动者对于这种危险性的要求完全有理由拒绝，并可以在不通知用人单位的情况下离开，并要求用人单位作出赔偿。

用人单位违章指挥、强令冒险作业如果情节较为严重，还可能构成强令违章冒险作业罪。《中华人民共和国刑法》第一百三十四条第二款规定，强令他人违章冒险作业，或者明知存在重大事故隐患而不排除，仍冒险组织作业，因而发生重大伤亡事故或者造成其他严重后果的，处五年以下有期徒刑或者拘役；情节特别恶劣的，处五年以上有期徒刑。

2012年9月2日，王某受胡某（已判刑）聘请，担任某楼盘B-01、

B-02、B-03 建筑基础冲桩工程安全责任人监督施工，并在胡某的安排下组织未经安全培训的工人施工。施工期间，王某不服从监管机构监管，在存在重大安全隐患和接到监理机构下达的"暂时停工指令"的情况下，仍然组织工人施工挖桩。2012年10月10日上午9时许，工人吴某、周某在 B-02 工地挖桩时，因使用空压机钻石时诱发坍塌，导致吴某被泥石掩埋后窒息死亡❶。

法院认为，被告人王某强令他人违章冒险作业，导致发生重大伤亡事故，致一人死亡，其行为已构成强令违章冒险作业罪，判处有期徒刑六个月。

3.5 （用人单位）非过失性解除劳动合同

非过失性解除劳动合同是指劳动者在无过错的情况下由于主客观情况的变化而导致劳动合同无法履行的情形。

《中华人民共和国劳动合同法》第四十条规定，有下列情形之一的，用人单位提前三十日以书面形式通知劳动者本人或者额外支付劳动者一个月工资后，可以解除劳动合同：

（一）劳动者患病或者非因工负伤，在规定的医疗期满后不能从事原工作，也不能从事由用人单位另行安排的工作的；

（二）劳动者不能胜任工作，经过培训或者调整工作岗位，仍不能胜任工作的；

（三）劳动合同订立时所依据的客观情况发生重大变化，致使劳动合同无法履行，经用人单位与劳动者协商，未能就变更劳动合同内容达成协议的。

3.5.1 不能胜任工作的判断

1994年，原劳动部《关于〈中华人民共和国劳动法〉若干条文的说

---

❶ 中国裁判文书网：（2016）鄂12刑终131号。

明》(以下简称《说明》)中对"不能胜任工作"的解释为"不能按要求完成劳动合同中约定的任务或者同工种,同岗位人员的工作量。用人单位不得故意提高定额标准,使劳动者无法完成"。这一条解释时间过早,与目前的用人单位的工作状态有一定差距,因而在劳动关系管理实践中用人单位与劳动者间仍会对"不能胜任工作"的判断存在诸多争议。

从司法实践上看,仲裁机构和法院对劳动者不能胜任工作的判断所依据的逻辑是"程序审查为主、实质审查为辅"。在程序上,由于对劳动者进行考核评价是用人单位的单方判断权,为避免用人单位权力滥用,进而侵害劳动者的权利,需要对单位单方判断权的行使加以正当程序的限制。用人单位的考核制度、考核流程必须秉持公开、公正、公平的原则,并给予劳动者申诉的渠道。从实质上,《说明》中对将"不能按照要求完成劳动合同完成工作任务"作为劳动者不能胜任工作的标准,可见劳动者劳动效果轻微的不足尚不构成"不胜任工作",必须要达到一定程度。因此,用人单位在劳动者不能胜任工作判断的过程中,应注意以下四个问题[1]:

(1)绩效考核制度的制定修改应依据民主程序并予以公开

《中华人民共和国劳动合同法》第四条规定,用人单位在制定、修改或者决定有关劳动报酬、工作时间、休息休假、劳动安全卫生、保险福利、职工培训、劳动纪律以及劳动定额管理等直接涉及劳动者切身利益的规章制度或者重大事项时,应当经职工代表大会或者全体职工讨论,提出方案和意见,与工会或者职工代表平等协商确定。用人单位应当将直接涉及劳动者切身利益的规章制度和重大事项决定公示,或者告知劳动者。绩效考核制度作为关系到劳动者薪酬、晋升、离职的重要制度,用人单位在对其进行制定和修改时应履行民主程序并进行公开。在此期间,用人单位还应注意保留民主程序和制度公开的证据,以便未来举证之用。

(2)绩效考核流程设计应明确合理

绩效考核的流程应保证考核程序的民主性,允许员工对绩效考核结果进行申诉复核。在考核指标制定阶段,用人单位与劳动者应对照岗位说明

---

[1] 吴冬妮. 从案例视角简析员工不能胜任工作的司法判断 [J]. 现代金融导刊, 2020 (2): 76-81.

书进行充分协商，确定劳动者的考核指标及不能胜任工作的标准（如投诉率高于××、成交额低于××等），并通过签署绩效合约、绩效承诺书、目标责任书等方式向员工告知并获得员工书面同意。在绩效考核阶段，用人单位应将考核结果与考核过程向劳动者本人告知，并要求其签字确认，如劳动者对考核结果存有异议，可根据申诉程序进行申诉。

（3）考核指标应尽可能量化

绩效考核的标准应尽量设置定量指标，并保证定量的测量和评价有所依据。对于生产人员，可采用产量、合格率等；对于销售人员，可采用销售额、销售量、回款率等；对于服务人员，可采用准时率、投诉率等；对于研发人员，可将其研发任务进行分解，采用里程碑的方式考察其完成情况；对于人力、行政、财务等支持性人员，可采用工作差错率、工作差错次数等。

对于无法定量描述的指标如团队配合性、部门支持性等，可采用打分制的方式加以评价，为保证在今后发生争议时"有据可查"，应要求打分人对于过低的评分给出具体的事件说明。

（4）严格执行考核制度

用人单位在进行绩效考核时必须依据考核制度严格执行，不能疏漏考核制度中的任何环节，以避免劳动者对考核过程的合法性提出异议。另外，用人单位还应注意保留考核流程中的相关证据。

[基本案情]

考核分数不合格，可以被视为不能胜任工作吗？[1]

田某于2014年4月3日入职A公司，担任高级研发工程师，月工资为18 000元，双方签有期限为2014年4月3日至2017年4月2日的劳动合同。2016年5月6日，A公司向田某作出《解除劳动合同通知书》，载明"因您在工作期间，不胜任工作，经公司安排培训后，仍不胜任工作，公司决定提前解除和您的劳动合同。您在公司的最后工作日为2016年5月6日"。

---

[1] 中国裁判文书网：（2020）京03民终7244号。

2015年上半年即S1阶段的考核周期是2015年4月1日至9月30日，具体的考核形式是根据员工确认设定的绩效目标由主管在系统中评分和员工在系统中自评等项目评分汇总成总考评分数，5分是满分，4.5分是非常好，4分是更好，3.75分是优良，3.5分是合格，3.25分是不合格，此外还有A、B、C三类价值观的评价。2015年10月中旬，S1阶段考核结果显示田某的得分是3.25分，属于不合格。

田某对A公司的解除行为不予认可，并称绩效考核系统虽显示考核结果为3.25分，但并未显示或记载3.25分为不合格、不能胜任工作，且考核系统系由A公司所设定，存在更改的可能性，此外其对考核结果分数为3.25分也不予认可。

[法院裁判]

根据A公司所述，其主张田某两阶段的考核结果为3.25分，而认定田某考核不及格，但其并未就该考核分数属于不合格进行举证，且其并未举证证明解除合同的依据，亦无法证明考核得分的客观性，故其以田某不能胜任工作为由解除合同的依据不足，应属违法解除劳动合同。

[案件解析]

用人单位要证明认定劳动者不能胜任工作行为的合法性，避免违法解除劳动合同的风险应至少满足三个条件：首先，用人单位要有相关的绩效考核制度，保证该制度经过民主程序制定并向全员公开；其次，考核制度中要有不胜任工作的所对应的考核结果，如本案中A公司就无法举证田某3.25分的考核结果属于不合格；最后，考核过程要符合制度要求，并能提供足够的证据表明考核结果的公正性。

3.5.2 末位淘汰的合法性

末位淘汰是指用人单位根据岗位的工作内容与工作目标，设定具体的考核指标，以该考核指标对相关岗位人员进行绩效考核，并根据绩效考核的结果对得分靠后的劳动者进行减薪、降级甚至辞退的绩效管理制度。末位淘汰最早由美国通用电气公司前CEO杰克·韦尔奇提出，在20世纪90

年代引入我国。从用人单位管理视角而言，末位淘汰制度能够促使劳动者为了保留自己的工作机会而更加努力地奋斗，从而通过个人绩效的提升带动整个组织业绩的进步。同时，末位淘汰机制也存在一定的法律风险，尤其是将处于末位的劳动者予以淘汰时，双方会因末位淘汰的合法性产生争议。

2013年，被列为最高人民法院指导案例18号（以下简称"指导案例18号"）的"中兴通讯（杭州）有限责任公司诉王鹏劳动合同纠纷案"，为末位淘汰制的合法性问题作出了比较权威的指导。❶

该公司的《员工绩效管理办法》规定：员工半年、年度绩效考核分别为S、A、C1、C2四个等级，分别代表优秀、良好、价值观不符、业绩待改进；S、A、C（C1、C2）等级的比例分别为20%、70%、10%；不胜任工作原则上考核为C2。2008年下半年、2009年上半年及2010年下半年，王鹏的考核结果均为C2。中兴通讯以此为由视为王鹏"不能胜任工作"。

法院认为：虽然王鹏曾经考核结果为C2，但是C2等级并不完全等同于"不能胜任工作"，中兴通讯仅凭该限定考核等级比例的考核结果，不能证明劳动者不能胜任工作，不符合据此单方解除劳动合同的法定条件。因此，中兴通讯主张王鹏不胜任工作，经转岗后仍然不胜任工作的依据不足，存在违法解除劳动合同的情形，应当依法向王鹏支付经济补偿标准二倍的赔偿金。

最高人民法院在2016年《第八次全国法院民事商事审判工作会议（民事部分）纪要》（以下简称"第8次《纪要》"）中对"末位淘汰"予以明确，"用人单位在劳动合同期限内通过'末位淘汰'或'竞争上岗'等形式单方解除劳动合同，劳动者可以用人单位违法解除劳动合同为由，请求用人单位继续履行劳动合同或者支付赔偿金"。

指导案例18号和第8次《纪要》均已明确表明：①末位淘汰并不等同于解除劳动合同，法律并没有允许用人单位以约定的末位淘汰为由解除

---

❶ 中国法院网．指导案例18号－中兴通讯（杭州）有限责任公司诉王鹏劳动合同纠纷案．[EB/OL] https：//www.chinacourt.org/article/detail/2013/11/id/1150422.shtml. 2013－11－26.

劳动合同；②劳动者排在末位，不等同于"不能胜任工作"。排位在末位的劳动者虽然不能胜任工作的可能性更大，但并非等于不能胜任工作，在强制分布下，如果所有人绩效表现都比较优秀，那么排在末位的劳动者也可能表现较好。这一点在指导案例18号的裁判要点中已经予以明确"劳动者在用人单位等级考核中居于末位等次，不等同于'不能胜任工作'，不符合单方解除劳动合同的法定条件，用人单位不能据此单方解除劳动合同"。

[基本案情]

销售人员两个月未出单，可以进行末位淘汰吗？[1]

蔡某于2013年1月10日入职A公司，从事销售工作，双方签订了书面劳动合同。工资构成为基本工资1 500元+绩效工资500元+提成。基本工资、绩效工资一并发放，提成另行发放。2013年10月11日，A公司通过电子邮件形式通知蔡某，因蔡某连续两个月未出单，对蔡某给予淘汰，并通知蔡某办理离职手续。

蔡某向当地仲裁机构提起仲裁，主张A公司违法解除劳动合同，后诉至法院。

A公司主张，不是违法解除劳动关系，A公司有具体的末位淘汰制度，且蔡某是明知制度存在的，蔡某确实违反了该项制度，A公司有权利与蔡某解除劳动关系。

[法院裁判]

企业实行"末位淘汰"是企业加强内部员工管理、提高工作效率的措施，本无可非议，但"末位淘汰"并不等同于解除劳动合同。法律并没有允许用人单位以约定的"末位淘汰"为由解除劳动合同。如员工工作业绩靠后，用人单位可采取调整岗位、培训等形式进行再培养，不能直接与员工解除劳动合同。因此，A公司直接以"末位淘汰"为由与蔡某解除劳动合同的做法确属不当，应承担相应的法律责任。

[案件解析]

"末位淘汰"并非法定的用人单位单方解除劳动合同的方式，用人单

---

[1] 中国裁判文书网：（2014）二中速民终字第1039号。

位可将其作为一种绩效考核以及判断劳动者不能胜任工作的方式,但以"劳动者排在末位"为由直接辞退则于法无据。案例中,蔡某连续两个月未出单,A 公司可根据其表现,对其进行调岗和培训,在此之后如仍未有改善,则可以根据《中华人民共和国劳动合同法》第四十条的规定与之解除劳动合同。

3.5.3 不能胜任工作员工的调岗

原劳动部《关于职工因岗位变更与企业发生争议等有关问题的复函》(劳办发〔1996〕100 号)规定,按照《中华人民共和国劳动法》第十七条、第二十六条、第三十一条的规定精神,因劳动合同订立时所依据的客观情况发生重大变化,致使原劳动合同无法履行而变更劳动合同,需经双方当事人协商一致,若不能达成协议,则可按法定程序解除劳动合同;因劳动者不能胜任工作而变更、调整职工工作岗位,则属于用人单位的自主权。对于因劳动者岗位变更引起的争议应依据上述规定精神处理。

可见,由于劳动者不能胜任工作,用人单位调整员工工作岗位,不属于双方协商一致变更劳动合同的范畴。企业可以行使其自主权,进行单方面调整,员工不能以未经双方协商程序为由拒绝调整❶。但是用人单位不能以此为由,滥用自己的权利随便进行调岗,首先要保证劳动者不能胜任工作的判断有所依据,其次岗位的调整应合情合理,否则仍会给用人单位带来法律风险。

[基本案情]

不能胜任工作员工调岗后,拒绝到岗?❷

2017 年 8 月 1 日,苑某与 A 公司签订《劳动合同书》,自 2017 年 8 月 1 日起至 2018 年 12 月 31 日止。2018 年 2 月 6 日,苑某填写《2018 年度经营目标承诺书》,显示苑某岗位为营销经理,承诺 2018 年完成销售或者创

---

❶ 周虎. 员工不胜任工作可以被"调岗"吗 [J]. 人力资源管理, 2012 (11): 8-9.

❷ 中国裁判文书网:(2019)鲁 10 民终 1277 号。

收进账总目标30万元。2018年9月5日，苑某与A公司签订《2018年度经营任务完成情况确认单》显示2018年1—8月，苑某实际完成任务分别为：0、0.9万元、0、0、0.05万元、1.35万元、0.1万元、0。2018年10月9日、10日，A公司先后两次书面通知苑某调岗至该公司物业管理服务中心保安、文员岗位，苑某均以岗位不合适为由拒绝，并称偏向于摄影相关行业。2018年10月10日，A公司书面通知苑某，以苑某"去年经营任务未完成、今年又连续6个月没有完成工作任务目标，你现实工作表现与客户经理岗位要求不相符，属于不胜任本岗位工作"为由，要求将苑某工作岗位调整至该公司综合文员兼内部事务摄影岗位，苑某亦拒绝调岗。2018年10月12日，A公司书面通知苑某，称其违反了劳动合同规定，自2018年10月15日起解除劳动合同。

苑某认为A公司行为违反法律规定，非法解除劳动合同，遂提起仲裁，后诉至法院。

［法院裁判］

苑某岗位为营销经理，签订了目标承诺书，但其完成情况远远低于承诺，甚至数月业绩为0，显然属于不能胜任工作。A公司书面通知其调岗，且在其要求下将其岗位调整为"综合文员兼内部事务摄影岗位"。岗位与苑某要求的摄影相关岗位相近，但苑某仍拒绝调岗，违反了法律规定及合同约定，A公司解除劳动合同并不违反法律规定，苑某无权要求经济赔偿金。

［案件解析］

用人单位如能提供足够的证据证明劳动者不能胜任工作，如案例中苑某无法完成《经营目标承诺书》的情况，可对劳动者进行调岗。在调岗合理的情况下，劳动者应当根据用人单位的安排赴新岗位工作，如劳动者无正当理由拒绝上岗，用人单位有权以其违反规章制度（前提是用人单位的规章制度必须有劳动者出现行为的处罚规定）为由与之解除劳动合同。

3.5.4 不能胜任工作员工的培训

培训是提升不能胜任工作的劳动者绩效表现的重要手段，同时也是

3 劳动合同的终止、解除与变更

《中华人民共和国劳动合同法》规定的对不能胜任工作员工的处理方式之一。我国法律对于此类培训的周期、内容、形式等都未做具体要求，从立法意图而言，对其培训的目的在于提升劳动者的工作能力，使其能够适应岗位的工作要求。首先，培训的内容应以提升其绩效的技能性培训为主，而不仅是进行鼓励类培训，其培训内容应与岗位说明书的要求和绩效考核标准相对应，以便测量培训的效果。其次，培训周期一般与考核周期相对应，如进行季度考核的单位可将下一个考核季度作为不能胜任工作劳动者培训周期，如考核周期过长，也可以在考核周期内设定培训时间，并在培训后进行考核。另外，在培训形式上，用人单位可根据劳动者实际的工作情况选择在岗培训和离岗培训两种方式。

[基本案情]

用人单位无法证明培训的针对性，被认定违法解除劳动合同。❶

阮某于2012年12月17日进入A公司工作，双方签订期限为2012年12月17日至2015年12月31日止的劳动合同及协议书。

2015年2月6日，A公司以阮某2014年度绩效考核整体表现未能达到公司要求、没有遵照公司流程履行对销售人员的试用期管理、日常绩效管理过程中的工作完成质量差等为由，向阮某发出解除劳动合同通知书。2015年3月16日，阮某向上海市浦东新区劳动人事争议仲裁委员会申请仲裁，要求A公司撤销解除劳动合同通知书，恢复劳动关系。仲裁庭对阮某的请求不予支持，阮某不服裁决结果，诉至法院。

庭审过程中，A公司出具与阮某的邮件证明A公司对其进行了培训，并证实其培训后仍不能胜任工作。阮某所接受的培训包括三个方面：一是公司提供的亚拉丁知识库，供阮某自我学习提升工作技能；二是阮某上级主管通过电子邮件不断对阮某进行工作技能的指导、培训；三是2014年10月、2015年1月，A公司组织专门的人员对阮某进行培训。

[法院裁判]

经法院认定，虽然其安排阮某参加了2014年10月、2015年1月的培

---

❶ 中国裁判文书网：（2015）沪一中民三（民）终字第1567号。

训，但上述两次培训一次是针对新进销售人员的培训，一次是针对新产品的培训，并非系针对阮某不胜任工作的培训。因此，A公司所述的上述三种培训均难以认定是对阮某进行的不胜任工作的培训。

鉴于此，A公司以劳动合同法第四十条规定为据，解除阮某劳动合同并未满足该法律所规定的必备条件（调岗和培训），故原审法院确认A公司解除阮某劳动合同缺乏事实依据，属违法解除。

[案件解析]

虽然我国法律对于不能胜任工作员工的培训方式没有具体的规定，但根据我国劳动合同法上述规定的精神，当劳动者出现不胜任工作的情形时，用人单位应针对劳动者不能胜任工作的具体表现，有针对性地安排相关知识或技能上的培训，以使其在培训后能够更好地胜任工作岗位的要求。因此，在司法实践中，用人单位需提供证据证明其安排劳动者进行的培训，是针对其不能胜任工作情况而开展的，如提供针对不能胜任工作员工的《培训通知》《不胜任员工绩效改进计划》以及培训记录表、培训后的考核表等。如用人单位提供的培训被认为是一般性的培训，则很有可能被认为未满足法规规定的必备条件，从而如案例中提到的企业一样被仲裁机构或者法院认定为违法解除劳动合同。

3.5.5 医疗期的时间范围

医疗期是指企业职工因患病或非因工负伤停止工作治病休息不得解除劳动合同的时限。医疗期的设置是为患病或非因公负伤的劳动者提供一段解雇保护期。

《企业职工患病或非因工负伤医疗期规定》第三条规定，企业职工因患病或非因工负伤，需要停止工作医疗时，根据本人实际参加工作年限和在本单位工作年限，给予三个月到二十四个月的医疗期：

（一）实际工作年限十年以下的，在本单位工作年限五年以下的为三个月；五年以上的为六个月。

（二）实际工作年限十年以上的，在本单位工作年限五年以下的为六个月；五年以上十年以下的为九个月；十年以上十五年以下的为十二个月；十五年以上二十年以下的为十八个月；二十年以上的为二十四个月。

《企业职工患病或非因工负伤医疗期规定》第四条规定，医疗期三个月的按六个月内累计病休时间计算；六个月的按十二个月内累计病休时间计算；九个月的按十五个月内累计病休时间计算；十二个月的按十八个月内累计病休时间计算；十八个月的按二十四个月内累计病休时间计算；二十四个月的按三十个月内累计病休时间计算。

[基本案情]

二次生病的医疗期如何计算？[1]

濮某实际工作已达10年以上，其于2012年7月进入A公司从事保洁工作，双方签订了劳动合同，期限自2012年7月10日至2015年6月30日。

因濮某患烟雾病和慢性丙型肝炎等疾病，其自2014年5月开始陆续休病假，其中2014年5月18日至2014年7月期间休病假。2014年11月7日，濮某因"烟雾病伴动脉瘤"在江苏省人民医院住院治疗；2014年11月20日，濮某出院。自2014年11月8日起濮某又休病假，未再去A公司上班。自2015年3月起，A公司未再向濮某支付工资。

濮某认为其虽领取了6个月的病假工资，但认为本人又患有脑出血的疾病，医疗期应从2014年11月20日起重新计算6个月，A公司还应支付其2015年3月至6月的病假工资。

[法院裁判]

濮某依法享受的医疗期为六个月，应当按十二个月内累计病休时间计算。而自2014年5月濮某开始陆续休病假，至2015年2月期间，其累计病休的时间已达到6个月，因此，A公司对濮某后续病休期间依法可以不再按照医疗期对待。濮某上诉主张2015年2月之后，即2015年3月至6月的病假工资，缺乏法律依据，法院不予支持。

[案件解析]

医疗期设置的目的在于为患病或非因工负伤的劳动者提供就业保护，

---

[1] 中国裁判文书网：（2016）苏01民终7899号。

但并意味着劳动者可以以此为由长期享受医疗期待遇，从而使企业丧失了解除劳动合同的权利。

3.5.6 医疗期与病假申请

医疗期是法律提供给劳动者因患病或非因工负伤停止工作治病休息，而用人单位不得因此解除劳动合同的时限。医疗期仍在劳动合同履行期间，劳动者应当遵守劳动纪律，劳动者严重违反劳动纪律的，用人单位也可以劳动者严重违纪为由解除劳动合同。因此，劳动者患病或因工负伤后，必须履行请假程序，并根据用人单位的要求提供相应的证明才能享受医疗期的待遇。

[基本案情]

未提交假条，能算作医疗期吗？❶

焦某原系 A 公司员工，双方签订有期限为 2013 年 6 月 1 日起的无固定期限劳动合同。2015 年 8 月 18 日，焦某向主管成某发送短信表示其在医院，成某回复要求焦某次日上午回公司谈接下来的工作，焦某表示因住院无法至公司，成某于 2015 年 8 月 19 日回复要求焦某按照公司流程休病假，并提交休假申请，焦某表示电脑密码复位需要两天。后焦某于 2015 年 8 月 31 日通过 A 公司的 OA 系统申请 2015 年 8 月 18 日至 9 月 9 日、2015 年 9 月 10 日至 9 月 30 日期间的全薪病假。2015 年 9 月 9 日、9 月 11 日，2015 年 10 月 12 日、10 月 21 日，2016 年 2 月 26 日，A 公司多次向焦某提出警告，要求其提供病假证明。焦某均未提供。

2016 年 8 月 5 日，A 公司出具解除劳动合同通知信并通过快递的方式邮寄给焦某，以其严重违反规章制度为由解除劳动。焦某不服，后诉至法院。

焦某主张其患有重度抑郁症，未及时交病假资料系病情所致，并非主观故意。

---

❶ 中国裁判文书网：(2018) 沪 01 民终 840 号，(2018) 沪民申 3038 号。

3 劳动合同的终止、解除与变更

[法院裁判]

焦某通过A公司的OA系统申请2015年8月18日至2016年9月30日的病假，但未及时将医疗机构出具的病假单交给A公司，在A公司多次向焦某发送警告信要求其按时提交病假单的情况下，焦某仍未及时提交，且有多个时段缺乏医院开具的病假单。按常理劳动者请病假的，应当及时将医疗机构出具的病假单交给用人单位。焦某的上述行为，应属严重违反劳动纪律，因此，A公司以此为由解除劳动合同，依法有据。

[案件解析]

患病或非因工负伤的员工仍需遵守用人单位的劳动纪律，履行请假程序才能享有医疗期的待遇。用人单位在制定本单位规章制度时，应对员工的病假申请的时限、提交材料、范围以及违反规定的惩罚措施等进行详细规定，并保证规章制度经过民主程序和向员工公开。同时，用人单位要保留要求劳动者病假申请的记录，以便作为仲裁或者诉讼的证据，如邮件、通知、文件等。本案中，A公司在《员工手册》中规定，"未遵守公司假期申请规定，连续旷工或一年内累计旷工达1天，而事先未向直接主管、部门经理或人力资源部申请，且事后不能提供正当、合法证明的缺勤认定为旷工"，"单次严重违纪或失职行为可直接适用最高为解除或终止劳动合同的纪律处分"。A公司在庭审中提交的证据表明焦某未遵守公司假期申请规定行为，已经达到了解除或者终止劳动合同的程度，因此其解除劳动合同的行为才会得到法院的支持。

由于用人单位需要劳动者提供病假证明才能批准其病假，一些投机主义劳动者或利用种种手段虚开或者伪造病假证明，从而达到"泡病假"的目的。这种行为不仅影响劳动者的个人诚信，情节严重的还会涉及犯罪。

[基本案情]

员工伪造假条，获刑六个月。❶

周某于2007年3月入职A公司，案发前系该公司南开区鞍山西道店

---

❶ 中国裁判文书网：(2016) 津0104刑初499号。

空调部营业员。2014年10月22日至2015年4月间，周某向A公司提供其购买的天津医科大学总医院诊断证明书和相关病历，虚构自己因病需休假的事实，在未实际工作的情况下，骗取A公司为其发放的工资及缴纳的社保费、公积金。2014年11月至2015年4月期间，周某骗取实发工资共3 282.96元、社保费及公积金共12 459.8元，合计15 742.76元。

[法院判决]

法院认为，周某以非法占有为目的，虚构事实，骗取被害单位钱款共计15 000余元，属数额较大，其行为已构成诈骗罪，依法应判处三年以下有期徒刑、拘役或者管制，并处或者单处罚金。公诉机关指控周某犯诈骗罪，主要事实清楚，证据确实、充分，定性准确，依法应予以支持。

依法判决被周某犯诈骗罪，判处有期徒刑六个月，缓刑一年，并处罚金一万元。

[案件解析]

周某在无法从正规渠道取得医院的休假建议的情况下，从不法人员处购买病历记录及诊断证明书提供给用人单位，意在使供职单位相信其患病需休假的事实，从而享受医疗期待遇，其行为已经构成了对用人单位的欺骗。

兜售假条的不法人员伪造医生签名、医院公章、医生印章等行为已经构成了犯罪。《中华人民共和国治安管理处罚法》第五十二条规定，伪造、变造或者买卖国家机关、人民团体、企业、事业单位或者其他组织的公文、证件、证明文件、印章的，处十日以上十五日以下拘留，可以并处一千元以下罚款；情节较轻的，处五日以上十日以下拘留，可以并处五百元以下罚款。情节严重的，构成伪造公司、企业、事业单位、人民团体印章罪，将被处以三年以下有期徒刑、拘役、管制或者剥夺政治权利。

劳动者购买假条的行为一旦被用人单位发现，将会面临用人单位规章制度的处罚，有可能会因此被用人单位解除劳动合同。情节严重的，如类似案例中提到的周某的行为，则可能要承担刑事责任。

另外，劳动者在购买假条的过程中肯定要将自己姓名、性别、年龄、身份证号码等信息告知不法商贩，这将会给劳动者带来泄露个人隐私的风险。

3.5.7 医疗期满不能从事原工作的认定

1994年12月3日，原劳动部颁布的《违反和解除劳动合同的经济补偿办法》第六条规定，劳动者患病或者非因工负伤，经劳动鉴定委员会确认不能从事原工作，也不能从事用人单位另行安排的工作而解除劳动合同的，用人单位应按其在本单位的工作年限，每满一年发给相当于一个月工资的经济补偿金，同时还应发给不低于六个月工资的医疗补助费。患重病和绝症的还应增加医疗补助费，患重病的增加部分不低于医疗补助费的百分之五十，患绝症的增加部分不低于医疗补助费的百分之百。

《违反和解除劳动合同的经济补偿办法》废止后，我国法律对于劳动者医疗期满后能否从事原工作和用人单位另行安排的工作已无强制性规定。在劳动关系管理实践中，用人单位可以从以下方面对医疗期满的劳动者进行能否从事原工作和用人单位另行安排工作的认定。

（1）劳动者从事的工作属于国家禁止从事的工作

《中华人民共和国传染病防治法》第十六条规定，传染病病人、病原携带者和疑似传染病病人，在治愈前或者在排除传染病嫌疑前，不得从事法律、行政法规和国务院卫生行政部门规定禁止从事的易使该传染病扩散的工作。如饮水、饮食、整容、保育、接触直接入口食品的工作等。

（2）劳动者被劳动鉴定委员会认定为丧失/部分丧失劳动能力的

患病或非因工负伤的劳动者在医疗期满后，被界定为丧失或者部分丧失劳动能力的，用人单位可以以此为依据认定其不能从事原有工作或另行安排的工作。但在劳动关系管理实践中，对于部分丧失劳动能力范围的界定仍会存在争议，如腿部残疾的劳动者是否能够从事不需要站立劳动的程序员工作。

（3）劳动者无法达到岗位所需人员的基本的要求

如劳动者眼部患有疾病后无法达到车辆驾驶人员的视力要求，劳动者患有精神疾病后无法达到服务人员的心理素质要求。

3.5.8 以客观情况发生重大变化为由解除劳动合同的注意事项

根据《中华人民共和国劳动合同法》的规定，用人单位在劳动合同订立时所依据的客观情况发生重大变化时，经用人单位与劳动者协商，未能就变更劳动合同内容达成协议的可以与劳动者解除劳动合同。此条款设立的目的在于保障用人单位在客观情况变化时行使用工的自主权，但用人单位使用这一条款与劳动者解除劳动合同时，需要注意两个方面的内容，以避免劳动风险。

（1）实体要求

关于"客观情况发生重大变化"，《中华人民共和国劳动合同法》中并未给出明确的规定。原劳动部《关于〈中华人民共和国劳动法〉若干条文的说明》（以下简称《条文说明》）第二十六条规定，"客观情况"指：发生不可抗力或出现致使劳动合同全部或部分条款无法履行的其他情况，如企业迁移、被兼并、企业资产转移等，并且排除本法第二十六条所列的客观情况。

在司法实践中，仲裁机构或者法院所认定客观情况的变化，主要针对用人单位与劳动者间劳动合同履行的客观条件发生的变化，如企业市场情况，生产设备升级淘汰、经营场所搬迁、组织结构等因发生不可抗力抑或出现其他情况。仲裁机构或者法院的认定焦点在于变化的客观性，如果是主观的雇佣情形变化不能视为客观情况变化。

另外，客观情况的变化程度还要足以使原劳动合同不能履行或不必要履行，如双方签订劳动合同所确定的岗位消失、企业新旧地址距离较远等。《中华人民共和国劳动合同法》第三十三条、第三十四条对此明确规定，"用人单位变更名称、法定代表人、主要负责人或者投资人等事项，不影响劳动合同的履行""用人单位发生合并或者分立等情况，原劳动合同继续有效，劳动合同由承继其权利和义务的用人单位继续履行"。

当用人单位以"客观情况发生重大变化"为由辞退劳动者时,应尽量收集证据证明其行为的客观性,以降低法律风险。

[基本案情]

组织结构调整,是否属于客观情况重大变化?❶

邱某于 2006 年 8 月 1 日入职 A 公司,职务为东北大区经理。双方具有劳动关系。2015 年 4 月 28 日、4 月 29 日、5 月 4 日、5 月 5 日,邱某与 A 公司双方多次往来邮件就劳动合同的变更与劳动关系的解除进行商谈,但没有协商一致。A 公司于 2015 年 5 月 8 日发布解除劳动合同的通知,与邱某解除劳动关系,并且向邱某支付经济补偿金 116 019 元。

邱某认为其收到解除劳动合同通知书的原因是客观情况发生重大变化,致使劳动合同无法履行,而 A 公司组织结构调整的行为不属于客观情况发生重大变化的情形,A 公司系非法解除劳动合同,应向其支付赔偿金。邱某遂提起仲裁,后邱某与 A 公司间经历多轮诉讼,最终由法院进行了再审裁决。

[法院裁决]

法院认为,A 公司组织结构的调整不属于《中华人民共和国劳动合同法》第四十条第三项规定的"客观情况发生重大变化"。主要理由如下:

《中华人民共和国劳动合同法》颁布实施后,没有其他条例或解释对《中华人民共和国劳动合同法》第四十条第三项规定中的"客观情况发生重大变化"进行细化和说明,所以在审判实践中,还需参照《条文说明》中的观点来解读《中华人民共和国劳动合同法》第四十条第三项的规定内容。

从《条文说明》第二十六条第四款列举的"客观情况"如"不可抗力""企业迁移、被兼并、企业资产转换等"几种情形可以看出,"客观情况"确属企业无法控制或无法改变的外部事实,解除劳动合同也是企业的无奈之举。"客观情况发生重大变化"的解释应仅限于企业外部环境发生的企业自身无法改变或控制的重大变故,是企业不得不面对和接受的事实,而非一般的经营状况不佳,亦不是企业为了追求更高利润而进行的管理模式改变等。

---

❶ 中国裁判文书网:(2017)吉民再 296 号。

A公司组织结构调整完全是出于自身的利益需要，目的在于能够成为行业龙头，属于企业根据自身经营状况选择的自主经营性调整，并非无法控制或无法改变的事实。

因此，法院认为A公司与邱某解除劳动合同的行为，不适用《中华人民共和国劳动合同法》第四十条第三项规定的内容，应对其承担赔偿责任。

[案件解析]

面对高速变化的市场环境，企业需要及时地对其战略方向、商业模式、业务结构进行调整以保证企业持久的生命力，这些调整往往会伴随企业组织结构变化、岗位的调整以及部门的增减。在本案的庭审中A公司指出"在很多与本案类似的案件中，业务变更、优化管理、减员增效等都被各地法院认为是客观情况发生重大变化"，虽然这一主张并未对法院的裁判产生影响，但也说明了在司法实践中，组织结构的变化是否属于客观情况重大变化判定所具有的难度。

[基本案情]

公司迁址属于客观情况重大变化吗？❶

刘某为个体工商户，系A平价超市业主。2007年10月30日，孙某到刘某开办经营的位于马鞍店A平价超市从事营业员工作，双方未签订书面劳动合同。

2013年7月26日，因A平价超市的门面租赁合同到期，刘某决定将该超市整体搬迁到李渡街上，并通知孙某于2013年8月1日起到A平价超市李渡店工作，但孙某未报到上班。2013年8月1日，刘某又通知孙某于2013年8月3日前去报到，如到期未报到，作自动离职处理。之后，孙某未去A平价超市上班。因刘某拒绝支付经济补偿金、未休年休假的工资报酬，孙某于2013年11月4日申请劳动仲裁，重庆市涪陵区劳动争议仲裁委员会收件后作出不予受理的决定，孙某遂提起诉讼。

刘某辩称，孙某不听从正常的工作安排，单方终止劳动合同，超市不应支付孙某经济补偿金。

---

❶ 中国裁判文书网：（2014）渝三中法民终字第00419号。

3 劳动合同的终止、解除与变更

[法院裁判]

工作地点属用人单位与劳动者签订劳动合同时需要考虑的重要因素。本案中，刘某开办经营的A平价超市因门面租赁期满，需由马鞍搬迁至李渡继续经营，此种情形系劳动者订立劳动合同时无法预料的客观情况重大变化，故刘某应与孙某协商一致变更劳动合同履行地点。若双方不能达成一致，可以解除劳动合同，但用人单位应支付经济补偿金。

[案件解析]

《中华人民共和国劳动合同法》第八条规定，用人单位招用劳动者时，应当如实告知劳动者工作内容、工作条件、工作地点、职业危害、安全生产状况、劳动报酬，以及劳动者要求了解的其他情况。工作地点涉及劳动者上下班在途时间、照顾家庭的便利性等诸多问题，相对优越的工作地点是同等薪酬水平下，劳动者选择工作的重要因素。本案中，A平价超市搬迁后，并未与孙某就工作地点问题进行协商，只是简单粗暴地规定了"到期未报到，作自动离职处理"，其做法是缺乏法律依据的，应该作出赔偿。

（2）程序要求

当"客观情况发生重大变化"时，用人单位必须与劳动者进行协商，在未能就变更劳动合同内容达成协议的情况下，才可依据《中华人民共和国劳动合同法》第四十条第三项规定与之解除劳动合同。

双方协商的内容应包括《中华人民共和国劳动合同法》规定的劳动合同的基本内容，如工作内容、工作地点及劳动报酬等。另外，在协商过程中用人单位要保证协商的合理性，应综合考虑劳动者原有的岗位、薪酬及工作内容且不能违背公序良俗。如某企业在协商中将类似的岗位的薪酬由10 000元/月降低至2 500元/月，或者将设计总监调去前台工作等，这些行为在司法实践中都可能被仲裁机构或者法院视为无效协商。

[基本案情]

协商证据不足，用人单位被认定为非法解除劳动合同。❶

卢某于2011年10月1日进入A公司工作，A公司股东会通过自2013

---

❶ 中国裁判文书网：（2014）沪一中民三（民）终字第664号。

年8月14日起终止"帅康"上海区域的代理，停止经营并将依法注销公司。2013年10月14日，A公司出具解除劳动合同通知书并寄送卢某，写明因劳动合同订立时依据的客观情况发生重大变化致使劳动合同无法履行，经当事人协商，双方不能就变更达成协议，决定于当日解除劳动关系。2013年10月18日，卢某提起仲裁，要求A公司支付违法解除劳动合同的赔偿金。

庭审中，A公司出具"收据"和"承诺书"欲证明其与卢某就变更劳动合同内容进行过协商及已提前告知卢某解除合同事宜。2013年8月22日，"收据"内容为："卢某8月15日收到38 000元解决8月15日之前公积金、社会保险事宜。""承诺书"的内容为："因本人工作单位A公司投资主体变更，经与原公司投资主体权利人陆文平协商并达成一致，本人承诺不再就双方劳动合同争议问题（2013年8月15日之前）向A公司主张权利。"

[法院裁判]

经审查，"收据""承诺书"是双方就2013年8月15日之前卢某的社保、公积金、节假日加班费和高温补贴进行协商的结果，不能反映出A公司已和卢某就变更劳动合同内容进行过协商及已提前告知过卢某解除事宜，故对A公司的此项主张不予采信。

因此，法院认为，A公司未能提供证据佐证双方经过协商且未能就变更劳动合同内容达成一致，在未进行协商的情况下解除劳动合同显然不符合法律规定，应对卢某进行赔偿。

[案件解析]

客观情况发生重大变化情况下，用人单位所提供证据均无法证明已与劳动者就劳动合同内容变更进行过协商，则用人单位依据《中华人民共和国劳动合同法》第四十条规定，行使劳动合同解除权的前提条件不成立，构成违法解除劳动合同需向劳动者作出赔偿。

劳动合同的协商变更，应当尽量采用书面形式，明确记录劳动合同变更的起因与内容。无论协商结果是否达成协议，都应要求劳动者进行签字确认，以保证在未来的劳动争议中成功举证。如没有采用书面形式进行协商，用人单位也应注意保留聊天记录、邮件记录、电话录音、谈话记录等作为其履行劳动合同协商变更程序的证据。

3.5.9 非过失性解除劳动合同人员的限制

出于对劳动者的保护，《中华人民共和国劳动合同法》第四十二条规定，劳动者有下列情形之一的，用人单位不得依照本法第四十条、第四十一条的规定解除劳动合同：

（一）从事接触职业病危害作业的劳动者未进行离岗前职业健康检查，或者疑似职业病病人在诊断或者医学观察期间的；

（二）在本单位患职业病或者因工负伤并被确认丧失或者部分丧失劳动能力的；

（三）患病或者非因工负伤，在规定的医疗期内的；

（四）女职工在孕期、产期、哺乳期的；

（五）在本单位连续工作满十五年，且距法定退休年龄不足五年的；

（六）法律、行政法规规定的其他情形。

《中华人民共和国劳动合同法》虽对上述人员进行了非过失性解除劳动合同的限制，但并不意味着用人单位无法与之解除劳动合同，如果这些人员存在过失，用人单位仍能与之解除劳动合同。

[基本案情]

孕妇违纪，用人单位可以与之解除劳动合同吗？[1]

2017年7月1日，刘某进入A公司工作，双方签订《劳动合同书》，约定刘某在A公司研发部从事文案、策划等相关工作。刘某于劳动合同履行期间怀孕，其自2017年8月至11月每月实发工资为：2 575.17元、2 867.35元、2 918.90元、1 796.43元。

2017年11月7日，刘某因工作安排及对部门负责人的工作能力存有质疑，向A公司进行了申诉，A公司启动了申诉流程，并与刘某进行了两

---

[1] 中国裁判文书网：(2018)辽02民终5749号，(2018)辽0293民初609号。

次协调。经调查，刘某本人所述情况均不属实，公司提出解决处理意见，刘某本人不接受，故申诉终止。

11月9日，A公司在QQ工作群中安排调换办公座位及办公电脑，刘某拒绝调换，并在工作群中发布不满言论。11月27日，其又在工作群中发表要求赵某返还其婚礼礼金及中秋礼物等与工作无关的私人内容，并将本人上月工资明细表上传。

11月30日，A公司制作《员工违纪情况记录表》三份，记载刘某的违纪事由分别为："泄露自己的工资单""多次不服工作安排、发泄个人情绪、扰乱公司工作秩序""员工资料工作经历隐瞒、员工本人声明属于违反单位规章制度"。

12月4日，A公司以刘某严重违反规章制度为由与之解除劳动合同。刘某不服，遂提请仲裁，后诉至法院。

[法院裁判]

A公司的《员工手册》经征求全体员工的意见而制定，也履行了向刘某告知的义务，可以作为本案审理的依据。刘某在工作中存在"泄露自己的工资单""不服从工作安排、发泄个人情绪、扰乱公司工作秩序""将私人事件在工作群中不停发表，影响工作环境氛围"的违纪事实，A公司根据其《员工手册》的相关规定与刘某解除劳动关系不属于违法解除。

[案件解析]

《中华人民共和国劳动合同法》第四十二条第四款规定，女职工在孕期、产期、哺乳期的，用人单位不得依照本法第四十条、第四十一条解除劳动合同。此条款设立的目的是为了防止用人单位随意与"三期"职工解除劳动合同。其本意是对妇女特殊时期的保护，但此条款中规定用人单位不能依照第四十条（非过失性解除劳动合同）、第四十一条（经济性裁员）解除劳动合同，不包括《中华人民共和国劳动合同法》第三十九条（过失性解除劳动合同）。

虽然处于"三期"的女职工受到劳动法律法规的特殊保护，但其作为劳动者依然要履行劳动者的义务，承担劳动合同约定的工作职责，不得违反公司的规章制度。如果"三期"期间的女职工存在过失，如本案中刘某出现的严重违反用人单位规章制度的行为，用人单位依然可以依据《中华人民共和国劳动合同法》第三十九条解除劳动合同。

这里需要注意的是，实务中"三期"女职工劳动合同的解除比较敏感，对于用人单位的社会声誉以及员工忠诚度影响较大，用人单位必须要有足够的证据并保证其所依据的规章制度具有实体上和程序上的合法性。

3.6 （用人单位）过失性解除劳动合同

过失性解除劳动合同是指在劳动者存在过失的情况下，用人单位无须事先通知和作出补偿就可以单方解除劳动合同的行为。

《中华人民共和国劳动合同法》第三十九条规定，劳动者有下列情形之一的，用人单位可以解除劳动合同：

（一）在试用期间被证明不符合录用条件的；

（二）严重违反用人单位的规章制度的；

（三）严重失职，营私舞弊，给用人单位造成重大损害的；

（四）劳动者同时与其他用人单位建立劳动关系，对完成本单位的工作任务造成严重影响，或者经用人单位提出，拒不改正的；

（五）因本法第二十六条第一款第一项规定的情形致使劳动合同无效的；

（六）被依法追究刑事责任的。

《最高人民法院关于审理劳动争议案件适用法律若干问题的解释》第十三条规定，因用人单位作出的开除、除名、辞退、解除劳动合同、减少劳动报酬、计算劳动者工作年限等决定而发生的劳动争议，用人单位负举证责任。由于"过失性解除劳动合同"情形下劳动者无法得到任何的补偿，用人单位采用该种方式与劳动者解除劳动合同往往会出现劳动争议，一旦处理不善则会给企业带来较大的法律风险。

3.6.1 在试用期间被证明不符合录用条件的劳动者

试用期是用人单位考察劳动者工作能力与工作态度的重要阶段，一些在面试环节表现优异的员工往往会在试用期内无法达到用人单位的预期效果。用人单位在试用期发现所招聘的员工绩效不佳后,通常都会以"试用期不符合录用条件"为由解除双方的劳动合同,但如果处理不当,不仅无法达到辞退员工的目的,还会给企业带来法律风险。

用人单位以"试用期不符合录用条件"为由辞退劳动者时,需要注意以下事项:

(1) 试用期约定的合法性

用人单位与员工约定的试用期必须符合相关法律的要求,不能出现"单独签订试用期合同""随意约定试用期限""多次约定试用期"等违反法律规定的行为。

(2) 事先告知录用条件

用人单位可以通过招聘广告、岗位说明书、入职登记表、规章制度等方式向劳动者进行告知。其中,最好的方式是在员工入职或新员工培训时以书面形式向劳动者告知其岗位的录用条件,并要求签字确认"本人已了解所在岗位的录用条件"。

(3) 建立明确的录用条件

录用条件尽可能量化,并给出明确的标准,以免引起歧义,如"销售额不低于××""投诉率不高于××""差错率不高于××"等。避免使用"工作态度积极""部门配合程度高""学习能力强"等模糊性的语句。

(4) 在试用期内施行考核

用人单位对于员工是否符合录用条件的考核必须在试用期内施行;若超过试用期,即便员工考核不合格,用人单位也不能以此为由辞退劳动者。

[基本案情]

试用期考核不合格,可以辞退员工吗?❶

2014 年 6 月 24 日,黄某进入 A 公司担任人事主管。2014 年 8 月 27 日,A 公司以黄某试用期不符合录用条件及严重违反公司规章制度为由,解除与黄某之间的劳动关系。

---

❶ 中国裁判文书网:(2015)沪一中民三(民)终字第 656 号。

A公司通过公司员工绩效评价表、工资明细表等文件主张：黄某在职期间多发员工工资；与其他员工关系不好，致他人反感；单方面向一些员工承诺福利，但实际没有兑现等行为。因此，黄某试用期不符合录用条件，A公司故而解除与黄某之间的劳动关系。

黄某对A公司提供的证据均不予认可，否认存在A公司所述情况。

[法院裁判]

法院认为，本案中，A公司并未举证向黄某确定入职时的岗位要求以及录用条件。

A公司虽提供有员工绩效评价表，然而该表为A公司单方制作，亦无黄某确认。A公司又未能提供其他证据加以证明。因此，A公司解除与黄某之间的劳动合同之行为，属于违法解除劳动合同。

[案件解析]

企业在采用"试用期不符合录用条件"为由辞退劳动者的前提条件是制定明确的"录用条件"并向劳动者告知，未告知的录用条件是无效的。另外，必须提供有力证据证明劳动者"不符合"录用条件，如没有这些前置条件，用人单位将很有可能面临违法解除劳动合同的风险。

3.6.2 严重违反用人单位规章制度的劳动者

用人单位的规章制度是用人单位约束和引导劳动者行为的重要工具，劳动者违反用人单位规章制度后将会给用人单位的生产运营、公众形象、组织文化等带来不利的社会影响。很多用人单位以"严重违反用人单位规章制度"的理由解除与劳动者的劳动合同关系，并将其作为惩罚违纪员工的终极手段，但在劳动关系实务中却往往因为以下原因使得用人单位的解除行为，构成违法解除劳动合同。

（1）规章制度不合法

《中华人民共和国劳动合同法》第四条规定，用人单位应当依法建立和完善劳动规章制度，保障劳动者享有劳动权利、履行劳动义务。用人单位制定的规章制度，不能与《中华人民共和国劳动法》《中华人民共和国劳动合同法》及其他法律法规发生抵触。如某些单位"单位同事之间不允许结婚,且已经结婚的有一人要辞职"的规定就与《中华人民共和国民法典》中禁止干涉婚姻自由的规定相抵触。

(2) 规章制度未经过民主程序

《中华人民共和国劳动合同法》第四条规定,用人单位在制定、修改或者决定有关劳动报酬、工作时间、休息休假、劳动安全卫生、保险福利、职工培训、劳动纪律以及劳动定额管理等直接涉及劳动者切身利益的规章制度或者重大事项时,应当经职工代表大会或者全体职工讨论,提出方案和意见,与工会或者职工代表平等协商确定。在规章制度和重大事项决定实施过程中,工会或者职工认为不适当的,有权向用人单位提出,通过协商予以修改完善。

用人单位在制定规章制度时,需要经过讨论和协商两个重要环节,以保证规章制度的民主程序,并保留相关程序的证据,如带有职代会成员签名的讨论记录、会议纪要等。

(3) 规章制度未进行公示

《中华人民共和国劳动合同法》第四条规定,用人单位应当将直接涉及劳动者切身利益的规章制度和重大事项决定公示,或者告知劳动者。如果用人单位未进行制度公示,或无法提供有效的制度证明规章制度已经进行公示,该项制度则对员工没有约束力。

对于规章制度的公示方式,法律上没有作出明文规定。一些企业往往采用"广而告知"的方式进行公示,如将规章制度张贴在公示栏中,将规章制度公布在内网、微信群、OA系统中,将规章制度以邮件、微信私信的方式发送给个人等。这些方式虽然简便易行,但存在举证困难的风险,在出现劳动争议时,一旦员工对此予以否认,表示"没有收到""没有看到",企业就会陷入举证困难的被动境地。

为保留制度公示证据,用人单位应采用"回应式"的公示方式,如组织制度宣讲或学习,要求全员参加并现场签字。在条件允许的前提下,建议用人单位制度装订成册发放到个人,要求员工签收并注明"本人已知悉××制度的全部内容且同意遵守"。

3 劳动合同的终止、解除与变更

（4）规章制度对严重违反的情形未进行明确约定

用人单位在制定规章时需要在次数、频率、后果、损失等方面对严重违反规章制度的情形进行明确约定，以便证明员工的行为是"严重违反规章制度"，而非"一般违反规章制度"。另外，用人单位对于严重违反规章制度的行为界定，不能违背公序良俗，如制度过于苛刻，可能不会得到仲裁机构或法院的认可。

（5）无法提供劳动者违反规章制度的有效证据

以"严重违反规章制度"为由解除劳动合同的举证责任在用人单位一方，如用人单位不能提供有效的证据，其应承担不利后果，即被认定为"违法解除劳动合同"。

[基本案情]

企业辞退大吵大闹的员工，被视为非法解除劳动合同。❶

2018年8月13日，张某经招聘进入A公司工作并担任行政院长一职，双方签订《劳动合同》一份，主要约定：劳动合同期为2018年8月13日至2021年8月12日止，其中试用期为3个月。

2019年9月16日，A公司以张某在上班期间与总经理大吵大闹严重影响工作秩序为由解除双方劳动关系。张某对此不予认可，遂产生争议。

[法院裁判]

A公司主张张某违反其《员工手册》中丙类过失"和同事打架或破坏工作秩序"规定而与张某解除劳动关系，庭审中A公司、张某双方均认可发生冲突。

A公司提供《员工手册》显示，员工犯以上或类似过失，将视情节严重程度给予最后书面警告，或停职检查，或解除聘用合同，开除处理。按照该约定，张某在与其他工作人员发生冲突时，A公司应对张某进行警告或者停职处理，视其情况再行决定是否解除劳动合同，而不是直接作出解除劳动合同的处理，故A公司解除劳动合同的行为是违法解除，应对张某进行赔偿。

---

❶ 中国裁判文书网：（2020）豫01民终4876号。

[案件解析]

企业在采用"严重违反规章制度"的理由与员工解除劳动合同时，首先要保证公司所指定的规章制度包括员工所涉及的行为，如本案中提到的"破坏工作秩序"；其次，企业必须能够举证员工该类行为的存在；最后，还要注意当员工出现类似行为时，企业是否进行了本企业规章制度中规定的"警告""停职"等解除劳动合同等前置行为。

3.6.3 严重失职，营私舞弊，给用人单位造成重大损害的劳动者

"严重失职，营私舞弊，给用人单位造成重大损害"是指劳动者在工作期间未按照岗位职责的要求履行自身职责，有严重的过失行为（如保安人员值夜班时睡觉，致使工厂财物被盗），或者利用职权谋取私利（如超市采购员向供应商索贿，致使企业声誉受损），从而使用人单位的有形资产或者无形资产造成重大损失的情况。

重大损害必须是真实发生，用人单位需提供相应的证据予以证明。单位有规章制度的则按规章制度执行，如规定"一次性给企业带来的财产损失达到人民币×××元以上"。单位没有规章制度的，则按照损害的市场价格、损害对企业经营的影响、员工的过失程度进行度量。

[基本案情]

社保计算有误，能否算作严重失职？[1]

2015年9月1日，窦某与A公司签订劳动合同，约定合同期限为2015年9月1日至2018年9月1日，工作岗位为薪酬主管。2018年4月24日，A公司现场向窦某送达了辞退通知函，以"岗位失职，造成了公司损失，给公司带来了不良影响"为由辞退窦某。

A公司称：因窦某工作失误，造成公司多名员工社保、公积金未及时进行减员，给公司造成经济损失数万元。

---

[1] 中国裁判文书网：(2018) 京 0107 民初 14590 号。

窦某对 A 公司的辞退不予认可，遂产生争议。

[法院裁判]

窦某作为薪酬主管未及时办理社保及公积金增减员导致公司多支出费用，确存在一定的失职行为。A 公司自述多支出的费用已有部分追回。综合衡量因窦某未及时履职导致多缴纳社会保险、公积金的数额、时长、员工数量及存在追回的可能性等多种因素，认为窦某的失职行为尚未给 A 公司造成重大损害，故 A 公司系违法解除。

[案件解析]

用人单位以"严重失职，营私舞弊，给用人单位造成重大损害"为由辞退劳动者，在证明员工存在失职或舞弊行为的同时，还要有足够的证据证明员工的过失性行为给企业造成了重大损失。特别是非财产性损失，如"公司声誉""企业形象"等，需要给出实质性的证据表明"重大损失"的存在。

3.6.4 与其他单位建立劳动关系的劳动者

我国法律并不禁止劳动者与多个用人单位建立劳动关系，如劳动和社会保障部《关于实施〈工伤保险条例〉若干问题的意见》的规定，职工在两个或两个以上用人单位同时就业的，各用人单位应当分别为职工缴纳工伤保险费。

根据《中华人民共和国劳动合同法》的规定，用人单位可与"劳动者同时与其他用人单位建立劳动关系，对完成本单位的工作任务造成严重影响，或者经用人单位提出，拒不改正"的员工解除劳动合同。在劳动关系管理实务中，用人单位适用该规定的难点在于如何举证员工与其他单位建立劳动关系。

[基本案情]

名片能作为建立劳动关系的证据吗？[1]

刘某于 2011 年 8 月 25 日入职 A 公司，工作岗位为机械加工中心主任，最后一份合同期限自 2013 年 1 月 1 日起至 2014 年 12 月 31 日止。

---

[1] 中国裁判文书网：(2014) 深南法粤民初字第 842 号。

2014年3月4日，A公司以"刘某已在外单位（B公司）任总经理及总设计师，且近一段时间以来强迫A公司的部分员工向刘某购买玩具飞机、强迫A公司的部分员工开网店卖玩具飞机"为由对其予以辞退。

A公司向法院提供名片一张，该名片显示，刘某的工作单位为B公司超级玩具深圳总部和超级玩具生产基地，职务为总经理、总设计师。"B公司市场开发计划""B公司经销商审批表"等电脑打印件，落款署有刘某的名字，但没有刘某的亲自签名，也没有加盖相关单位的印章。

[法院裁判]

A公司提供的"名片"及"B公司市场开发计划"证据均为打印件，该证据不足以证明刘某与其他单位建立劳动关系以及强迫本单位员工购买B公司产品等情形，且刘某予以否认，对A公司主张的该项解除合同理由，法院不予支持。

[案件解析]

用人单位以劳动者与其他单位建立劳动关系为由，辞退劳动者时在取证方面会面临较大的困难，无论是"劳动者"还是"其他单位"都没有义务向用人单位证明劳动关系的存在，而类似名片、证言等间接证据的有效性又难以得到仲裁机构或法院认可。因此，用人单位在没有足够证据下不宜采用这种方式与员工解除劳动合同，以免承担法律风险。

3.6.5 因欺诈、胁迫、乘人之危致使劳动合同无效的劳动者

根据《中华人民共和国劳动合同法》第三十九条第五款规定，劳动者采用欺诈、胁迫、乘人之危等手段与用人单位签订劳动合同的，用人单位可以单方解除劳动合同且不需要进行补偿。

在劳动关系管理实务中，当用人单位遇到劳动者提供虚假简历时，往往会采用这一条款与员工解除劳动合同，但如操作不当，仍会给企业带来较高的法律风险。

（1）带有虚假信息的简历必须由本人提供

随着移动互联网的普及，招聘网站、App、企业邮箱等成为获得求职

者简历的主要渠道，这些渠道获得的简历存在发件人不确定、易修改等特征，一旦发生劳动争议，应聘者则可能会否认用人单位提供简历的真实性。

为了避免这一情况的发生，在员工入职时，用人单位可要求劳动者提供带有签名的打印版简历，并标注"本人所提供简历信息真实、有效，不存在虚假情况"。

（2）简历中虚假的部分需导致公司产生错误的判断

用人单位需提供证据表明自己错误相信了简历中的虚假信息，从而在违背真实意思的情况下与劳动者签订劳动合同，即劳动者简历中的涉及欺诈内容与公司的录用条件具有关联性。如某公司在招聘简章中标明某岗位需要"本科以上学历"，某一专科学历者谎称自己是本科学历，则可视为劳动者存在欺诈。如该公司招聘简章上标明"学历不限"，则难以证明企业在录用时并非出于真实意思的表达。

（3）用人单位应尽到审查和注意义务

新员工入职时，用人单位有义务对提供的信息真实性进行背景调查，如果用人单位未履行审查及注意的义务，事后发现员工"欺诈"时，仲裁机构和法院可能会据此认定用人单位存在审查不严的疏忽，也存在一定过错。

[基本案情]

开除简历造假的员工被认定为非法解除。[1]

2013年11月10日，于某入职A公司，同日，双方签订期限自2013年11月12日起至2016年11月12日止的书面劳动合同，合同约定于某从事招聘专员岗位工作。2014年11月29日，A公司向于某出具《开除通知单》。

庭审中A公司主张，其公司因于某存在简历造假的行为，依据劳动合同法的相关规定予以开除处理，并提供《员工手册》、员工保证书、员工信息登记表、职位申请表等证据予以证明，经法庭询问，A公司表示于某简历造假为：对于原任职公司的工作时间和薪酬标准等陈述不一。

---

[1] 中国裁判文书网：(2016) 京02民终394号。

[法院裁判]

从 A 公司提供的相关证据来看，于某所填写内容仅系在原任职公司的工作起止时间、具体薪酬标准等方面存在陈述不一的情形，尚不足以构成简历造假。据此，对于 A 公司因于某存在简历造假而对其予以开除的主张，法院不予采信，A 公司的行为属于非法解除劳动合同。

[案件解析]

用人单位以"简历造假""信息不实"为由辞退劳动者时，除了要证明虚假信息系劳动者本人提供外，还需提供足够的证据证明这些虚假信息能够影响用人单位对录用该员工与否的判断，即是否影响了用人单位录用员工真实意思的表达。

3.6.6 被依法追究刑事责任的劳动者

根据《中华人民共和国劳动合同法》第三十九条规定，劳动者被依法追究刑事责任的，用人单位可以解除劳动合同。

根据劳动部《关于贯彻执行〈中华人民共和国劳动法〉若干问题的意见》（劳部发〔1995〕309 号）第二十九条规定，"被依法追究刑事责任"是指：因为犯罪被人民检察院免予起诉的、被人民法院判处刑罚的、被人民法院依据刑法第三十二条免予刑事处分的。

《中华人民共和国刑法》第三十三条、第三十四条规定，被人民法院处以刑罚的情形包括：管制、拘役、有期徒刑、无期徒刑、死刑、罚金、剥夺政治权利、没收财产。

劳动者被行政拘留或司法拘留，不属于被依法追究刑事责任，用人单位不能以《中华人民共和国劳动合同法》第三十九条第六项为依据辞退劳动者。《中华人民共和国道路交通安全法》第九十一条中规定，"因饮酒后驾驶机动车被处罚，再次饮酒后驾驶机动车的，处十日以下拘留""饮酒后驾驶营运机动车的，处十五日拘留"中拘留就属于行政拘留的范畴。出现更为严重违法情节后，如"饮酒后或者醉酒驾驶机动车发生重大交通事故，构成犯罪的"则应"依法追究刑事责任"。

从劳动者劳动义务履行角度出发，劳动者被行政拘留或司法拘留期间，因其人身自由受到限制而丧失了履行劳动义务的条件，用人单位可将该情形作为严重违反规章制度的情形在企业规章制度中予以规定。

[基本案情]

打架斗殴被拘留的员工，可以开除吗？❶

于某于1993年4月到A公司工作。2016年4月24日，于某因工作琐事与同事王某发生争执，于某殴伤王某。2016年4月26日，乳山市公安局对于某作出拘留五日、罚款二百元的行政处罚。2016年5月4日，A公司以于某酒后在工作岗位上打架斗殴，被公安机关行政拘留为由作出《关于于某同志违反劳动纪律给予开除并解除劳动合同的决定》，与于某解除了劳动合同关系。

A公司提交其单位2006年管理制度一份，证明2006年单位管理制度中即规定打架斗殴，严重干扰生产、工作、社会秩序的，单位可以解除劳动合同。

于某辩称对规章制度的内容并不知晓。

[法院裁判]

根据《中华人民共和国劳动合同法》第三十九条规定，被依法追究刑事责任的劳动者，用人单位可以解除劳动合同，该项规定的情形不符合本案情形，因于某是因打架被公安机关行政拘留而非被依法追究刑事责任。

于某的行为已触犯《中华人民共和国治安管理处罚法》，给单位正常的生产管理秩序造成了恶劣影响，应视为严重违反单位规章制度的行为。于某虽辩称其并不知道单位的相关管理规定，但遵守工作纪律，不打架斗殴是最基本的日常行为规范，于某作为完全民事行为能力人对此应当知晓。因此，A公司解除与于某劳动合同的行为并不属于违法解除，无须支付赔偿金。

[案件解析]

根据《中华人民共和国劳动合同法》第三十九条规定仅适用于被追究

---

❶ 中国裁判文书网：(2017) 鲁10民终2166号。

"刑事责任"的员工，如员工的违法情节较轻，用人单位可根据其内部规章制度的要求对其进行处理。在劳动关系管理实务中，一些企业没有建立完备的规章制度或者规章制度制定的程序不符合规定，当员工出现违法行为其未达到被追究刑事责任的程度时，企业如对其进行解除劳动合同的处理则可能会面临相应的法律风险。

另外，用人单位在以被追究刑事责任为由与员工解除劳动合同时，需以生效的法律文书来认定劳动者被依法追究刑事责任。在法院最终判决前，涉嫌犯罪人员可能已经被拘留或逮捕，是否被追究刑事责任要由法院进行判决，在这一阶段用人单位不能以被追究刑事责任为由辞退劳动者。

劳动部印发《关于贯彻执行〈中华人民共和国劳动法〉若干问题的意见》的通知中规定，劳动者涉嫌违法犯罪被有关机关收容审查、拘留或逮捕的，用人单位在劳动者被限制人身自由期间，可与其暂时停止劳动合同的履行。暂时停止履行劳动合同期间，用人单位不承担劳动合同规定的相应义务。劳动者经证明被错误限制人身自由的，暂时停止履行劳动合同期间劳动者的损失，可由其依据《中华人民共和国国家赔偿法》要求有关部门赔偿。

3.7 （用人单位）经济性裁员

经济性裁员是指用人单位由于经济原因，一次性辞退部分劳动者的情形，经济性裁员涉及范围较广，一旦处理不善会给用人单位带来较大的法律风险，并会对企业形象产生不利的影响。

3.7.1 经济性裁员的对象

出于对劳动者的保护，《中华人民共和国劳动合同法》规定，以下人员不在经济性裁员范围之内。

（一）从事接触职业病危害作业的劳动者未进行离岗前职业健康检查，或者疑似职业病病人在诊断或者医学观察期间的；

(二) 在本单位患职业病或者因工负伤并被确认丧失或者部分丧失劳动能力的；

(三) 患病或者非因工负伤，在规定的医疗期内的；

(四) 女职工在孕期、产期、哺乳期的；

(五) 在本单位连续工作满十五年，且距法定退休年龄不足五年的；

(六) 法律、行政法规规定的其他情形。

《中华人民共和国劳动合同法》第二十一条规定，在试用期中，除劳动者有本法第三十九条和第四十条第一项、第二项规定的情形外，用人单位不得解除劳动合同。用人单位在试用期解除劳动合同的，应当向劳动者说明理由。此条款已经排除了《中华人民共和国劳动合同法》第四十一条（经济性裁员）在试用期解除劳动合同中的应用，如果用人单位将试用期员工作为裁员对象将会面临违法解除劳动合同的风险。

3.7.2 经济性裁员的实质要件

《中华人民共和国劳动合同法》第四十一条规定，具有下列情形之一，用人单位可以实施经济性裁员。

（1）依照企业破产法规定进行重整的

《中华人民共和国企业破产法》第二条规定，企业法人不能清偿到期债务，并且资产不足以清偿全部债务或者明显缺乏清偿能力的，依照本法规定清理债务。

《中华人民共和国企业破产法》第七条规定，债务人可以向人民法院提出重整申请。债务人不能清偿到期债务，债权人可以向人民法院提出对债务人进行重整或者破产清算的申请。企业法人已解散但未清算或者未清算完毕，资产不足以清偿债务的，依法负有清算责任的人应当向人民法院申请破产清算。

《中华人民共和国企业破产法》第七十条规定，债权人申请对债务人进行破产清算的，在人民法院受理破产申请后、宣告债务人破产前，债务人或者出资额占债务人注册资本十分之一以上的出资人，可以向人民法院申请重整。

从《中华人民共和国企业破产法》的规定可以看出，经济性裁员中涉及的重整是依照企业破产法规定进行的调整，用人单位的业务调整、组织结构、经营战略调整不在此列。

（2）生产经营发生严重困难的

在用人单位的生产经营发生严重困难时，通过裁减人员、缩减员工规模降低用人单位的人工成本，从而维持企业的正常运转。从全局看，裁员可以在一定程度上缓解用人单位的经营窘境，使其摆脱破产的命运，这对该用人单位的所有劳动者群体而言是有利的，但涉及具体劳动者时，则会对其利益产生影响。因此，《劳动合同法》在允许用人单位在生产经营发生困难时采取经济性裁员的措施的同时，又进行"严重"性的限制，避免用人单位滥用该项权利实施裁员。《企业经济性裁减人员规定》第二条规定，用人单位生产经营发生严重困难，达到当地政府规定的严重困难企业标准，确需裁减人员的，可以裁员。各地政府对于严重困难的评判尺度有所差异，一般都会结合企业亏损情况、订单缩减幅度、企业员工情况、企业所采取的其他挽救措施等进行界定。

《北京市企业经济性裁减人员规定》规定，连续三年经营性亏损且亏损额逐年增加、资不抵债、80%的职工停工待工、连续6个月无力按最低生活费标准支付劳动者生活费用的企业可以实施经济性裁减人员。

《天津市企业经济性裁减人员暂行规定》规定，生产经营状况发生严重困难确需裁减人员，应当同时具备下列条件：（一）生产经营实际亏损连续三年（财政决算年度）以上，亏损额逐年增加，且生产经营状况无明显好转；（二）连续两年开工率不足60%，有50%以上职工下岗待工；（三）连续六个月以上在岗职工工资不能按照本市规定的最低工资标准支付。

[基本案情]

公司经营是否发生严重困难？❶

梁某于1999年2月24日入职A公司，离职前担任涂布副主任一职。

---

❶ 中国裁判文书网：（2017）粤1972民初3858号。

A公司以经营发生严重困难为由，依据《中华人民共和国劳动合同法》第四十一条的规定作出裁员决定，其于2016年10月20日向工会作出说明并经工会同意后，于2016年11月18日向东莞市人力资源局长安分局办理裁员备案登记，于2016年11月23日发布裁员公告，解除与包括梁某在内的共21名劳动者的劳动关系。

梁某对此不服，认为A公司一直都还在大量招聘员工，不存在订单减少、经济困难的相关情况，遂提起仲裁，后诉至法院。

[法院裁判]

A公司提交租赁合同、退还厂房协议、资产负债表、裁员情况说明、裁员方案、工会会议签到表、会议记录等佐证材料表明：A公司的规模在缩减，公司的经营也出现亏损，其属于经营发生严重困难的情况。梁某提交的证据，不足以证明A公司不存在经营困难的情况，法院对其主张不予采信。A公司已经就裁员情况提前三十天向工会说明情况，得到工会同意，且将裁减人员方案向东莞市人力资源局长安分局备案。因此本院认为，A公司的经济性裁员符合《中华人民共和国劳动合同法》第四十一条规定的实质和程序要件，不属于违法解除劳动合同，无须支付赔偿金。

[案件解析]

"生产经营发生严重困难"是用人单位裁员的法定理由之一，用人单位对此需负举证责任，企业财务报表、工资支付流水单、员工异动统计表等都是举证的有利证据。在举证过程中，用人单位不仅要证明生产经营发生了困难，还要证明其困难的严重性以至于必须要采用"裁员"的方式才能解决。通过各地方"严重困难"的认定标准可以看出，企业只有在亏损比较严重、开工严重不足等情况下才能使用经济性裁员的方式辞退员工。在劳动关系管理实践中，一些企业在正常的经营状态下出于"减员增效"的需要以"生产经营发生严重困难"进行经济性裁员的行为，很有可能使企业陷入违法解除劳动合同的法律风险中。

（3）企业转产、重大技术革新或者经营方式调整，经变更劳动合同后，仍需裁减人员的

企业转产、重大技术变革或者经营方式的调整会给企业岗位设置、岗

位人数、岗位要求等带来巨大的变化，有可能产生一批不适应原有岗位的劳动者，企业有权对其进行调整。用人单位在使用"企业转产、重大技术革新或者经营方式调整，经变更劳动合同后，仍需裁减人员的"这一条款进行裁员时必须经过一个前置程序，即只有在与劳动者进行协商变更劳动合同后，仍然需要裁员的，才能进行经济性裁员；如果未进行劳动合同变更的程序就直接进行裁员，则会承担违法解除劳动合同的责任。

[基本案情]

协商降低工资不成后裁员，被视为非法解除劳动合同。[1]

郭某于1992年5月25日入职东莞B公司工作。2011年8月，郭某、A公司及B公司达成三方协议，由A公司承接郭某的工龄及劳动关系。2013年1月，A公司将原位于樟木头镇金河工业区的"金河厂区"搬迁合并到位于樟木头镇宝丰工业区的主厂区。2013年6月26日，A公司就"与员工订立劳动合同时所依据的客观情况发生了重大变化，准备就变更劳动合同内容与员工进行协商，如不能达成协议的，将按法律规定与部分员工解除劳动合同"这一情况告知了包括郭某在内的受影响的57名员工并进行沟通。2013年6月27日，A公司就变更劳动合同内容与郭某单独协商，并提供了一份劳动合同变更协议。该变更协议约定自签订变更协议之日起，郭某的工资标准将减至东莞市最低工资标准。自2013年6月27日至2013年7月8日，A公司与受影响的员工多次进行协商，并提供了65个工作岗位供员工选择。

2013年7月8日，A公司向郭某发出一份解除劳动合同的书面通知，解除与郭某的劳动关系。理由为：劳动合同订立时所依据的客观情况发生了重大变化，使双方原劳动合同无法继续履行，双方经协商，未能就劳动合同内容的变更达成协议。郭某离职前12个月的月平均工资是6 870元，A公司已支付郭某"代通知金"及经济补偿金共计155 270元。

2013年7月30日，郭某申请劳动仲裁，要求A公司支付违法解除劳动合同的赔偿金差额150 700元，后诉至法院。

---

[1] 中国裁判文书网：(2014) 东中法民五终字第858号。

[法院裁判]

A公司解除与包括郭某在内的57名员工的劳动合同实质上是进行经济性裁员。企业转产、重大技术革新或者经营方式调整，只有在变更劳动合同后，仍需要裁减人员，才可进行经济性裁员。而A公司提供的与郭某签订的劳动合同变更协议中变更内容仅仅是降低了工资，而不是与原有工资水平相当。且A公司提供的65个岗位中清洁工20个，外包工35个、学徒和杂工8个，操作工2个，且工资还需商议，对于工龄较长、工资较高且职务或技术水平较高的郭某来说，明显具有侮辱性质，郭某拒绝A公司提供的这65个岗位也合乎情理。

A公司解雇郭某的证据不足、理由不充分、程序欠妥，属于违法解雇。

[案件解析]

企业转产、重大技术革新或者经营方式调整并不必然导致用人单位进行经济性裁员，从事原工作岗位的劳动者如果原岗位已不存在，或不适应新的技能要求，可以调整到其他工作岗位。《中华人民共和国劳动合同法》将劳动合同的变更作为该种情况下裁员的前置性条件的目的在于保证劳动者权益，限制用人单位裁员权的滥用，而并非仅要求用人单位要与劳动者进行劳动合同变更的协商。因此，用人单位在与劳动者进行变更工作岗位的协商时，不得侵害劳动者的权利，需保证其调整后的工作岗位的合情合理且工资水平与原岗位基本相当。案例中，A公司提出的降薪调岗以及不合理的岗位变动的要求对郭某本人的劳动权利造成了伤害，郭某有理由拒绝，其劳动合同的变更过程也应视为无效。

(4) 其他因劳动合同订立时所依据的客观经济情况发生重大变化，致使劳动合同无法履行的

此处的"客观经济情况发生重大变化"与《中华人民共和国劳动合同法》第四十条规定的"劳动合同订立时所依据的客观情况发生重大变化"相比范围更窄，此处强调的是客观经济情况发生重大变化。

3.7.3 经济性裁员的程序要件

为保证劳动者的权益，劳动合同法要求用人单位进行经济性裁员必须

履行一套法定程序。《中华人民共和国劳动合同法》第四十一条规定，需要裁减人员二十人以上或者裁减不足二十人但占企业职工总数百分之十以上的，用人单位应当提前三十日向工会或者全体职工说明情况，听取工会或者职工的意见后，裁减人员方案经向劳动行政部门报告，可以裁减人员。该条款规定的用人单位经济性裁员的程序要件包括三个方面：

（1）人数要求

用人单位只有裁减人员二十人以上或者裁减不足二十人但占企业职工总数百分之十以上时才能启动裁员程序，否则裁员行为违法。在计算裁减人员占企业职工总数比例时需要注意两个问题。

一是人员基数，一些用人单位除了建立劳动关系的员工外，还存在劳务关系、派遣关系、借调等多种用工方式。经济性裁员仅限于与用人单位建立劳动关系的劳动者，其他用工形式的劳动者不应计算在人员基数内。

二是用人单位主体，在劳动管理实践中经常会出现关联企业在同一场所内办公的情况，在计算裁员人数和职工总数时，只能以同一法人主体的企业为单位进行计算。

[基本案情]

派驻人员、退休返聘人员应算作职工总数吗？[1]

蔡某于2008年3月31日入职A公司，岗位为收报员。A公司因生产经营发生亏损，2017年7月22日，A公司决定裁减包括蔡某在内的6名员工。

2017年8月14日，蔡某申请仲裁，要求A公司支付违法解除劳动合同赔偿金85 500元。仲裁委员会裁决结果为A公司支付申请人违法解除劳动合同赔偿金65 850.39元。

A公司不服，遂提起诉讼。

A公司主张，仲裁委员会在没有依据的情况下认定A公司的职工总数为61人，而且未查明61人中是否包括了非劳动法意义上劳动者或与A公司之间不存在劳动关系的人员。A公司的3名管理人员为S集团驻到A公司处进行管理，该3人的劳动关系是与S集团印刷厂存续的，社会保险费

---

[1] 中国裁判文书网：（2017）闽0213民初2853号。

用也是由S集团印刷厂进行缴交的；另外，A公司还有三名与公司签订《劳务协议》的退休返聘人员，应予以剔除。A公司在册并依法缴纳社保的职工人数为56人。因此，依法应确定的A公司"职工总数"应为56人，此次裁减的人员为6人，裁减人员的人数占A公司职工总数的比例已经远超过了10%，符合《中华人民共和国劳动合同法》对于经济性裁员人数的要求。

[法院裁判]

A公司人员的职工为56人。此次A公司裁减的人员6人的人数已超过A公司职工总数比例的10%，符合《中华人民共和国劳动合同法》第四十一条所规定的可以裁员的条件。

[案件解析]

《中华人民共和国劳动合同法》第四十一条中所指的"企业职工"，必须是符合《中华人民共和国劳动法》及《中华人民共和国劳动合同法》所界定的劳动者，若不具备该用人单位劳动关系的主体资格的员工，则应不属于其的"职工"，在核算用人单位职工总数的过程中需将此类人员予以剔除。A公司的3名管理人员是S集团派驻到A公司的人员，其劳动关系应归属于S集团，3名退休返聘人员与A公司间是劳务关系，也不具备A公司劳动关系的主体资格。

（2）说明情况

裁员方案正式实施的三十日前，已建立工会的用人单位可以选择向工会或者全体职工说明情况，并听取工会或者职工的意见。没有建立工会的用人单位需要向全体职工说明情况。用人单位未进行提前通知或者不能举证其提前通知员工的行为，则会面临违法裁员的法律风险。

[基本案情]

裁员意见加盖上级工会印章，被认定为违法裁员。[1]

张某于2010年12月4日进入A公司工作，后A公司安排张某至其设立的A1分公司工作，先后任工程师、厂长助理、运营部副部长等职。2015年6月，A1公司以经济性裁员为由，单方解除了与张某的劳动关系，

---

[1] 中国裁判文书网：(2016) 沪01民终10014号。

于同年6月3日送达张某解除劳动合同通知书一份，次日进行工作交接，并支付了经济补偿金55 375.82元。

张某不服，提起仲裁，后诉至法院。

法院查明，A1公司出具企业裁减人员情况报告表中，工会或职工方对裁员的主要意见一栏中载明：同意企业实行经济性裁员，并加盖上级公司工会委员会印章。

[法院裁判]

工会或职工方对裁员的意见一栏中加盖的系非A公司或A1分公司工会的印章，而是案外人工会的印章。A公司主张的"裁员意见中加盖的案外人工会的公章，是上级工会的公章，因A1公司工会没有对外的权利，只有该案外人工会才有对外盖章的权利"对本案实体权利义务的处理没有影响，法院不予采纳。

A公司的经济性裁员系违法解除，应支付张某违法解除劳动关系赔偿金110 751.64元。

[案件解析]

根据《最高人民法院关于审理劳动争议案件适用法律若干问题的解释》第十三条规定，因用人单位作出开除、除名、辞退、解除劳动合同、减少劳动报酬、计算劳动者工作年限等决定而发生的劳动争议，用人单位负举证责任。用人单位在裁员时对其告知员工行为负有举证责任，案例中A1分公司由于本企业的工会无印章而使用上级工会的情况，虽情有可原，但由于涉及员工的主体不同，不能证明A1分公司已经履行了提前说明的义务程序。在这种情况下，A1分公司可以采用全员大会、座谈会、征求部门意见等方式听取职工的意见。

(3) 报告程序

用人单位裁减人员方案向劳动行政部门报告，根据《企业经济性裁减人员规定》的规定，裁减人员方案的内容包括：被裁减人员名单，裁减时间及实施步骤，符合法律、法规规定和集体合同约定的被裁减人员经济补偿办法。此处要注意的是，《中华人民共和国劳动合同法》中要求用人单位向劳动行政部门报告裁员方案的内容，而非要求劳动行政部门审批通过。

3.7.4　经济性裁员的特殊保护

《中华人民共和国劳动合同法》第四十一条规定，裁减人员时，应当优先留用下列人员：

（一）与本单位订立较长期限的固定期限劳动合同的；

（二）与本单位订立无固定期限劳动合同的；

（三）家庭无其他就业人员，有需要扶养的老人或者未成年人的。

用人单位依照本条第一款规定裁减人员，在六个月内重新招用人员的，应当通知被裁减的人员，并在同等条件下优先招用被裁减的人员。

3.8　经济补偿

《中华人民共和国劳动合同法》第四十六条规定，有下列情形之一的，用人单位应当向劳动者支付经济补偿：

（一）劳动者依照本法第三十八条规定解除劳动合同的；

（二）用人单位依照本法第三十六条规定向劳动者提出解除劳动合同并与劳动者协商一致解除劳动合同的；

（三）用人单位依照本法第四十条规定解除劳动合同的；

（四）用人单位依照本法第四十一条第一款规定解除劳动合同的；

（五）除用人单位维持或者提高劳动合同约定条件续订劳动合同，劳动者不同意续订的情形外，依照本法第四十四条第一项规定终止固定期限劳动合同的；

（六）依照本法第四十四条第四项、第五项规定终止劳动合同的；

（七）法律、行政法规规定的其他情形。

3.8.1　劳动合同解除时用人单位须支付经济补偿的情形

（1）劳动者被迫解除劳动合同

劳动者在自身的权利甚至人身安全受到侵害的前提下解除劳动合同，

用人单位应支付经济补偿。

（2）用人单位提出协商解除劳动合同

在双方协商一致解除劳动合同时，如由用人单位首先提出，用人单位需支付经济补偿金，如由劳动者主动提出则用人单位不需支付经济补偿。这里需要注意的是，一般情况下如双方协商一致解除劳动合同的原因不明，法院或者仲裁机构会推定为用人单位首先提出，一些地方性规定中对此类问题还作出了明确的规定。

（3）（用人单位）非过失性解除劳动合同

在劳动者没有过失的情况下用人单位可以依据《中华人民共和国劳动合同法》第四十条规定的情形，与劳动者解除劳动合同。这种情形下，如用人单位没有提前三十日以书面通知的方式解除劳动合同则需要支付一个月的待通知金。

（4）（用人单位）经济性裁员

经济性裁员是指用人单位由于经济原因，可以依据《中华人民共和国劳动合同法》第四十一条规定的情形进行经济性裁员，并向劳动者作出补偿。

[基本案情]

经济性裁员需要额外支付一个月工资吗？❶

张某于 1996 年 11 月 14 日进入 A 公司处从事仓库管理员的工作。2008 年 2 月 4 日，双方签订无固定期限劳动合同，约定合同起始日为 2008 年 2 月 4 日，工资为每月 1 359 元。2016 年 3 月由于 A 公司生产经营困难，A 公司开始裁员，张某在裁员人员之列。2016 年 4 月 28 日，A 公司向张某出具解除劳动合同书，内容为因公司生产经营发生严重困难和劳动合同订立时所依据的客观经济情况发生重大变化，致使劳动合同无法履行，通知张某劳动合同于 2016 年 4 月 28 日解除，A 公司支付张某相当于 19.5 个月工资的经济补偿金，计 87 340.5 元（税前）。

张某不服，提起仲裁，要求 A 公司按经济补偿金标准的两倍赔偿 252 144 元，支付代通知金 4 479 元。后诉至法院。

---

❶ 中国裁判文书网：（2016）鄂 0192 民初 1892 号。

3 劳动合同的终止、解除与变更

[法院裁判]

A公司进行经济性裁员的理由和程序均符合法律规定。《中华人民共和国劳动合同法》第四十一条第二款规定,裁减人员时,应当优先留用下列人员:(一)与本单位订立较长期限的固定期限劳动合同的;(二)与本单位订立无固定期限劳动合同的;(三)家庭无其他就业人员,有需要扶养的老人或者未成年人的。A公司与张某签订了无固定期限劳动合同,应该属于优先留用人员,A公司与张某解除无固定期限劳动合同,留用签订固定期限劳动合同的夏某(与张某岗位相同),违反了优先留用原则,张某据此要求确认A公司系违法解除劳动合同,并支付赔偿金,法院予以支持,A公司应向张某支付违法解除劳动合同的赔偿金。张某还要求A公司支付代通知金,亦无法律依据,法院亦不予支持。

[案件解析]

《中华人民共和国劳动合同法》第四十一条规定,用人单位提前三十日向工会或者全体职工说明情况,听取工会或者职工的意见后,裁减人员方案经向劳动行政部门报告,可以裁减人员,此处的"提前三十日"是要求用人单位需就裁员事宜向工会或者全体职工大会说明情况。该项规定与《中华人民共和国劳动合同法》第四十条中提前三十日以书面通知劳动者解除劳动合同中的规定所指情况并不一致,如果用人单位没有履行提前三十日向工会或者全体职工说明情况这个法定程序,则需如本案中的A公司一样向劳动者支付赔偿金,即通常所说的"2N"。

3.8.2 劳动合同终止时用人单位须支付经济补偿的情形

劳动合同终止时,在以下三种情形下,用人单位须向劳动者支付经济补偿。

①劳动合同期满,除用人单位维持或者提高劳动合同约定条件续订劳动合同,劳动者不同意续订的情形外,终止劳动合同的,用人单位需支付经济补偿,即通常所说的"到期不续约"。

②用人单位被依法宣告破产的,用人单位需支付经济补偿。

③用人单位被吊销营业执照、责令关闭、撤销或者用人单位决定提前解散的，用人单位需支付经济补偿。

[基本案情]

企业政策性关闭，能够自己确定补偿金吗？❶

2012年9月6日，某市人民政府作出《关于依法关闭A公司和B厂的决定》，决定根据《中华人民共和国环境保护法》《中华人民共和国水污染防治法》和《国务院关于环境保护若干问题的决定》（国发〔1996〕31号的规定，依法对未在整改期限内完成整改任务、存在环境安全隐患的A公司和B厂2家企业予以关闭。2013年7月30日，A公司决定对员工进行下岗分流，对下岗人员按工龄一年一个月支付经济补偿金600元，退休留用人员照顾性减半支付，即一个月补偿300元，赖某不接受该补偿标准，拒绝与A公司订立解除劳动关系协议。2015年8月31日，A公司通知赖某从9月1日起不再到厂上班，并每年支付经济补偿金600元。赖某遂于2015年11月6日向争议仲裁委员会提出劳动仲裁申请，请求A公司支付申请人经济补偿金27 048元，后诉至法院。

A公司主张，公司是政策性关闭停产的，从而导致工人被迫下岗。经公司投资人与公司管理人员、职工代表、退休职工代表等召开劳资会议及会后征求职工意见，公司决定对下岗人员按工龄一年一个月支付经济补偿金600元；退休留用人员照顾性减半支付，即一年一个月补偿300元，公司做法并无不妥。

[法院裁判]

本案中，A公司因存在环境安全隐患而被市人民政府责令关闭而于2015年9月1日与赖某终止劳动合同，属于《中华人民共和国劳动合同法》第四十四条中规定的劳动合同终止情形，应根据《中华人民共和国劳动合同法》第四十六条的规定予以补偿。A公司主张应按公司与终止劳动合同职工签订集体合同约定按工作期限每年支付600元经济补偿金给赖某，缺乏事实和法律依据。

---

❶ 中国裁判文书网：(2016) 粤17民终356号。

[案件解析]

A 公司因环境安全隐患被市政府责令关闭，从而导致劳动者失去工作。A 公司的劳动者并无过错，作为用人单位 A 公司理应作出补偿。《中华人民共和国劳动合同法》中关于解除和终止劳动合同中补偿金的规定属于强制性规定，案例中，A 公司与劳动者签订的集体合同约定并不能超出强制规定的范围。

3.8.3 经济补偿金的基数

《中华人民共和国劳动合同法》第四十七条规定，经济补偿按劳动者在本单位工作的年限，每满一年支付一个月工资的标准向劳动者支付。六个月以上不满一年的，按一年计算；不满六个月的，向劳动者支付半个月工资的经济补偿。

劳动者月工资高于用人单位所在直辖市、设区的市级人民政府公布的本地区上年度职工月平均工资三倍的，向其支付经济补偿的标准按职工月平均工资三倍的数额支付，向其支付经济补偿的年限最高不超过十二年。

本条所称月工资是指劳动者在劳动合同解除或者终止前十二个月的平均工资。

《中华人民共和国劳动合同法实施条例》第二十七条规定，劳动合同法第四十七条规定的经济补偿的月工资按照劳动者应得工资计算，包括计时工资或者计件工资以及奖金、津贴和补贴等货币性收入。劳动者在劳动合同解除或者终止前 12 个月的平均工资低于当地最低工资标准的，按照当地最低工资标准计算。劳动者工作不满 12 个月的，按照实际工作的月数计算平均工资。

经济补偿金的计算以月平均工资为基数乘以工作年限确定，月平均工资基数的大小对于补偿金的金额影响巨大，因而常会成为经济补偿金相关劳动争议的焦点问题。

[基本案情1]

年终奖是否要计入经济补偿金基数？[1]

2009年9月21日，苏某与B公司签订劳动合同，约定苏某工作岗位为项目经理。苏某于2009年3月2日入职A公司，后于2012年12月31日合同到期后，被A公司安排至B公司工作，其工作岗位和工作场所均未发生变化。2013年1月15日，B公司、苏某双方签订劳动合同，合同期限为2013年1月1日至2016年12月31日，苏某工作岗位、工作地点未发生变化。2016年12月31日，劳动合同到期后，B公司告知苏某不再与其签订劳动合同，双方未再续签劳动合同。苏某离职前12个月平均工资为11 346.25元（未包含2016年应发年终奖30 000元）。

2017年1月5日，苏某提请仲裁，要求B公司向苏某支付违法解除劳动关系的赔偿金。B公司对仲裁结果不服，诉至法院。

[法院裁判1]

根据《最高人民法院关于审理劳动争议案件适用法律若干问题的解释（四）》第五条之规定，劳动者非因本人原因从原用人单位被安排到新用人单位工作，原用人单位未支付经济补偿，新用人单位向劳动者提出终止劳动合同，在计算支付经济补偿的工作年限时，应把原用人单位的工作年限合并计算为新用人单位工作年限。故，苏某在A公司的工作年限应当与在B公司处的工作年限合并计算，故应当按8个月的工作年限计算苏某的经济补偿金。

关于经济补偿金计算基数，根据《中华人民共和国劳动合同法实施条例》第二十七条规定，苏某2016年年终奖30 000元应当纳入苏某应得工资计算范围，因此，苏某经济补偿金计算基数为13 846.25元 [（11 346.25元/月×12个月+30 000元）÷12个月]。因此，根据《中华人民共和国劳动合同法》第四十七条之规定，B公司应当支付苏某终止劳动合同经济补偿金110 770元（13 846.25元/月×8个月）。

---

[1] 中国裁判文书网：（2017）川01民终13476号。

[基本案情2]

年终奖是否要计入经济补偿金基数?❶

C公司与张某于2013年4月23日建立劳动关系合同期限3年,自2013年4月23日至2016年4月30日止。张某在职期间月固定工资为8 000元。2015年11月22日,C公司组织架构进行调整,将张某调整为行政部主管,但张某拒绝该人事调整,C公司遂通知张某双方劳动关系于2015年12月22日解除。之后,C公司向张某发放3个月工资的经济补偿金24 000元。

张某提请仲裁,主张C公司应支付其违法解除劳动合同赔偿金,C公司对仲裁结果不服,遂诉至法院。

张某主张月固定工资为8 000元,2015年年终奖为92 256.25元,故张某月工资应为15 688.02元,应以此为基数计算经济补偿金和赔偿金。

[法院裁判2]

C公司内部组织架构调整,系C公司的自主管理决定,并非受客观情况所限而导致的劳动合同无法继续履行的情形。故C公司在未经与张某协商一致的情况下,单方解除劳动合同,不符合法律规定。

关于年终奖是否计入赔偿金基数,法院认为:法律之所以将劳动者在劳动合同解除或者终止前12个月这一较长时间段的平均工资作为月工资,旨在规定认定工资标准的常态性、客观性和公正性。将与劳动者工作量、工作效果无直接关联的非常态的较高额度的奖金计入工资标准,不符合立法本意;另外,根据张某与C公司签订的《劳动合同书》,双方未就年终奖发放标准、对象、成就条件、时间等进行约定。张某在本案中也未就年终奖发放系与本人工作量和工作绩效存在直接关联提交相应证据。

因此,该年终奖不应计入张某月工资,应以张某月固定工资8 000元作为计算其赔偿金的基数。

[案件解析]

一些岗位发放的年终奖数额巨大,甚至等于或超过其年度工资发放总

---

❶ 中国裁判文书网:(2016)川0104民初9425号,(2017)川01民终7260号。

额，如案例 2 中张某 2015 年年终奖为 92 256.25 元，其全年发放的固定工资为 96 000 元（8 000×12）。劳动者在劳动合同解除或者终止前 12 个月中所获得的年终奖是否计入工资总额，会对经济补偿数额产生重大的影响。从案例 1 和案例 2 的裁判结果看，年终奖是否计入经济补偿的基数主要取决于年终奖是一种与劳动者工作量、工作效果无直接关联的管理的企业利益分享，还是根据劳动者工作绩效发放的奖金。在劳动关系管理实践中，需要参考劳动合同对于年终奖的来源、金额、兑现条件、兑现方式的具体约定。用人单位发放年终奖时颁布的《年终奖发放管理办法》《20××年年终奖分配方案》等企业内部规章制度也是判断年终奖性质的重要文件。

3.8.4 经济补偿金的支付

用人单位应及时支付经济补偿金，《中华人民共和国劳动合同法》第五十条规定，劳动者应当按照双方约定，办理工作交接。用人单位依照本法有关规定应当向劳动者支付经济补偿的，在办结工作交接时支付。《中华人民共和国劳动合同法》第八十五条规定，解除或者终止劳动合同，未依照本法规定向劳动者支付经济补偿的，由劳动行政部门责令限期支付经济补偿，逾期不支付的，责令用人单位按应付金额百分之五十以上百分之一百以下的标准向劳动者加付赔偿金。

3.9 用人单位违法解除/终止劳动合同

3.9.1 用人单位违法解除劳动合同的情形

用人单位违法解除劳动合同的情形分为两类，包括解除理由违法和解除程序违法，前者是指用人单位解除劳动合同的理由并非法定理由，后者是指用人单位解除劳动合同的程序并不合法。用人单位单方与劳动者解除劳动合同必须要有合法的理由和程序，不能"想辞退，就辞退"。

（1）解除理由合法

用人单位可以根据《中华人民共和国劳动合同法》第三十九条、第四十条和第四十一条规定与劳动者单方解除劳动合同，用人单位所依据的理由不在以下情形之内的，则被视为解除理由违法。

①在试用期间被证明不符合录用条件的（无须支付补偿）；

②严重违反用人单位的规章制度的（无须支付补偿）；

③严重失职，营私舞弊，给用人单位造成重大损害的（无须支付补偿）；

④劳动者同时与其他用人单位建立劳动关系，对完成本单位的工作任务造成严重影响，或者经用人单位提出，拒不改正的（无须支付补偿）；

⑤因本法第二十六条第一款第一项规定的情形致使劳动合同无效的；

⑥被依法追究刑事责任的（无须支付补偿）；

⑦劳动者患病或者非因工负伤，在规定的医疗期满后不能从事原工作，也不能从事由用人单位另行安排的工作的（需支付补偿）；

⑧劳动者不能胜任工作，经过培训或者调整工作岗位，仍不能胜任工作的（需支付补偿）；

⑨劳动合同订立时所依据的客观情况发生重大变化，致使劳动合同无法履行，经用人单位与劳动者协商，未能就变更劳动合同内容达成协议的（需支付补偿）；

⑩在满足经济性裁员的条件进行经济性裁员的（需支付补偿）。

《中华人民共和国劳动合同法》第四十二条规定劳动者有下列情形之一的，即便在⑦—⑩种情形下，用人单位也不得解除劳动合同。

①从事接触职业病危害作业的劳动者未进行离岗前职业健康检查，或者疑似职业病病人在诊断或者医学观察期间的；

②在本单位患职业病或者因工负伤并被确认丧失或者部分丧失劳动能力的；

③患病或者非因工负伤，在规定的医疗期内的；

④女职工在孕期、产期、哺乳期的；

⑤在本单位连续工作满十五年，且距法定退休年龄不足五年的；

⑥法律、行政法规规定的其他情形。

（2）解除程序违法

《中华人民共和国劳动合同法》第四十三条规定，用人单位单方解除劳动合同，应当事先将理由通知工会。用人单位违反法律、行政法规规定或者劳动合同约定的，工会有权要求用人单位纠正。用人单位应当研究工会的意见，并将处理结果书面通知工会。

用人单位依据《中华人民共和国劳动合同法》第四十条规定与劳动者解除劳动合同的，用人单位提前三十日以书面形式通知劳动者本人或者额外支付劳动者一个月工资，即通常所说的"N+1"。

用人单位单方解除劳动合同时，除保证解除的理由合法外，还要遵守法律所规定的程序。

3.9.2　用人单位违法终止劳动合同的情形

用人单位违法终止劳动合同是指劳动合同期满后应依法顺延而用人单位单方终止劳动合同的情形。

《中华人民共和国劳动合同法》第四十五条规定，劳动合同期满，有本法第四十二条规定情形之一的，劳动合同应当续延至相应的情形消失时终止。但是，本法第四十二条第二项规定丧失或者部分丧失劳动能力劳动者的劳动合同的终止，按照国家有关工伤保险的规定执行。

[基本案情]

边治病、边上班能够算作医疗期内吗？❶

马某、A公司签订期限为2015年6月16日至2018年6月30日止的劳动合同，约定马某担任私人财富管理事业部职员。2018年6月30日，A公司为马某开具《上海市单位退工证明》，载明2018年6月30日合同终止。2018年7月2日，A公司支付马某终止劳动合同经济补偿金30 455.70元。

马某2018年7月16日提出仲裁，要求恢复劳动关系，后诉至法院。

---

❶ 中国裁判文书网：(2019) 沪01民终2495号，(2018) 沪0115民初84724号。

马某主张，其发病以来一直进行不间断的治疗，按照法律规定应当适用 24 个月的医疗期，A 公司以马某超过医疗期为由不续签劳动合同没有事实和法律依据。

A 公司主张 2018 年 5 月至 6 月期间马某于 2018 年 5 月 9 日、17 日、31 日、6 月 26 日至 28 日休病假；马某不予认可，其表示上述期间其均正常出勤，未考勤系外出工作或参加策略会。

[法院裁判]

本案中，马某于 2018 年 6 月 30 日劳动合同期满时正常出勤，因其即使患病，但未停止工作治病，故马某当日不在医疗期内，A 公司以劳动合同期满为由终止与其的劳动合同，并不违法。

[案件解析]

《企业职工患病或非因工负伤医疗期规定》第二条规定，医疗期是指企业职工因患病或非因工负伤停止工作治病休息不得解除劳动合同的时限。该项规定界定医疗期的前提是职工停止工作治病，本案中，马某在 2018 年 6 月 30 日仍处于正常出勤的状态，并未履行病假手续，因此不能算作医疗期内。A 公司在合同到期后，不再与之续签，并依法进行了补偿，并无不妥之处。

3.9.3 用人单位违法解除/终止劳动合同的赔偿

《中华人民共和国劳动合同法》第八十七条规定，用人单位违反本法规定解除或者终止劳动合同的，应当依照本法第四十七条规定的经济补偿标准的二倍向劳动者支付赔偿金。

第四十八条规定，用人单位违反本法规定解除或者终止劳动合同，劳动者要求继续履行劳动合同的，用人单位应当继续履行；劳动者不要求继续履行劳动合同或者劳动合同已经不能继续履行的，用人单位应当依照本法第八十七条规定支付赔偿金。

[基本案情]

赔偿金与待通知金能否兼得？❶

陈某系 A 公司职工，2016 年 12 月 6 日，A 公司向陈某出具《终止劳

---

❶ 中国裁判文书网：(2017) 渝 01 民终 7695 号。

动合同通知书》一份。表明"总公司决定不再向我公司投资，我司将被注销，于 2016 年 12 月 31 日终止您和部分人员的劳动合同"。A 公司依据陈某的工作年限支付了经济补偿金为 15 525 × 9 = 139 725 元。陈某实际上班至 2016 年 12 月 6 日。A 公司另外支付了陈某 2016 年 12 月及 2017 年 1 月工资，其中 2016 年 12 月 7 日至 2017 年 1 月 5 日工资为 10 709.02 元。

2017 年 1 月 25 日，陈某向劳动人事争议仲裁委员会申请仲裁，要求裁决，A 公司向陈某支付未付解除劳动关系赔偿金 279 450 元。仲裁庭支持了陈某的请求。A 公司同意支付违法解除劳动合同赔偿金，但向法院提起诉讼，要求陈某返还 2016 年 12 月 7 日至 2017 年 1 月 5 日工资 10 709.02 元。

陈某主张，A 公司是自愿额外多支付其一个月工资，其获得这一个月工资的依据就是已经生效的《终止劳动合同通知书》。

[法院裁判]

本案中，陈某在 2016 年 12 月 7 日之后就未提供劳动，劳动关系也已经解除，双方的民事权利义务已经终止，A 公司并没有向陈某再额外支付一个月工资的法定义务。而 A 公司在解除通知书中承诺额外支付一个月工资解除双方的劳动关系，该行为系 A 公司的单方意思表示，双方并未就此解除方案达成一致意见，对双方均无法律拘束力，在解除协议未成立的情况下，A 公司作为协议的一方并没有向陈某额外支付一个月工资的约定义务。因此，陈某应返还 2016 年 12 月 7 日至 2017 年 1 月 5 日工资 10 709.02 元。

[案件解析]

"待通知金"是用人单位依据《中华人民共和国劳动合同法》第四十条规定单方面与劳动者解除劳动合同时，在无法提前三十日以书面形式通知劳动者本人时额外支付劳动者一个月工资的俗称，即通常所说的 "N + 1" 中的 "1"。"赔偿金"是用人单位违法解除/终止劳动合同时支付给劳动者的赔偿，即通常所说的 "2N"。两者分别适用于不同的情形，不可兼得。

3.10 劳动合同变更

《中华人民共和国劳动合同法》第三十五条规定，用人单位与劳动者协商一致，可以变更劳动合同约定的内容。变更劳动合同，应当采用书面形式。变更后的劳动合同文本由用人单位和劳动者各执一份。

3.10.1 劳动合同变更的一般性要求

（1）变更时间要求

劳动合同变更必须在用人单位与劳动者依法订立劳动合同后，劳动合同履行完毕之前的有效时间内进行。如劳动合同双方当事人已经存在劳动关系，劳动合同尚未订立或者是已经履行完毕则不涉及劳动合同的变更问题。

（2）变更内容合法

劳动合同变更的内容不得违反法律、法规的强制性规定。

（3）变更过程协商一致

即劳动合同的变更必须经用人单位和劳动者双方的平等协商，双方均对变更后的内容有明确的认识，不存在误解。

（4）采用书面形式

《中华人民共和国劳动合同法》要求用人单位与劳动者之间必须签订书面劳动合同，其变更后的劳动合同也应采用书面的形式，劳动合同文本由用人单位和劳动者各执一份。

根据《中华人民共和国劳动合同法》的要求，劳动合同变更应采用书面形式，但在劳动关系管理实务中，由于种种原因用人单位和劳动者劳动合同的变更并未采用书面形式，这会导致以下两种情形。

情形1：用人单位与劳动者双方对变更内容达成一致，但未采用书面形式。

在这种情况下，双方虽然未采用书面形式，但已经对于劳动合同变更的内容达成一致性的意见，变更后的劳动合同应当有效，双方应就变更后的内容履行权利和义务，但由于没有采用书面形式，发生劳动争议时，在举证时会出现困难。

情形2：用人单位与劳动者双方对变更内容未达成一致，但实际已经履行。

《最高人民法院关于审理劳动争议案件适用法律若干问题的解释（四）》

第十一条规定，变更劳动合同未采用书面形式，但已经实际履行了口头变更的劳动合同超过一个月，且变更后的劳动合同内容不违反法律、行政法规、国家政策以及公序良俗，当事人以未采用书面形式为由主张劳动合同变更无效的，人民法院不予支持。

劳动合同内容的变更如未采用书面形式，某一方对于合同内容不同意的，如果在一个月内未提出异议，并已经实际履行变更的劳动合同的，双方应按照变更后劳动合同履行权利义务。

[基本案情]

劳动合同变更时，口头约定工资是否有效？[1]

2013年11月19日，孙某与B公司签订书面劳动合同，合同期限为2013年10月21日至2016年10月20日，试用期3个月，每月工资为9 600元（税后），试用期每月工资为8 000元（税后）。A公司与孙某签订劳动合同主体变更协议，约定孙某与B公司签订的劳动合同，用人主体变更为A公司，其他合同条款不做任何变更。变更后，A公司认可孙某在B公司的服务年限，并连续计算，变更协议从2014年1月1日起经双方签字或盖章后生效。孙某在A公司实际工作至2016年3月30日，因孙某提出辞职，双方劳动合同解除。

孙某称2013年10月10日入职后，实际每月发放工资为8 000元，其曾口头提出异议，当时A公司告知其剩余的1 600元以绩效工资等其他形式在年底一次性发放，但截至其离职，A公司一直未予以发放，遂提起仲裁，要求A公司支付其工资差额，后诉至法院。

A公司称双方口头约定的月工资标准即为8 000元，实际也一直按照该标准执行，孙某从未提出异议，双方实际履行变更后的劳动合同已经超过一个月。

[法院裁判]

虽孙某主张曾口头向A公司提出异议，要求支付工资差额，但其并未提交证据予以佐证，A公司亦不予认可。结合日常生活经验法则，孙某

---

[1] 中国裁判文书网：(2017) 京02民终12014号。

在每月实际领取8 000元且不认可该工资标准的情况下,仍在A公司持续工作多年有悖常理,故法院认定双方在实际履行中变更了劳动合同中关于工资标准的约定。对孙某要求A公司支付工资差额的请求,法院不予支持。

[案件解析]

本案的焦点在于孙某和A公司关于劳动合同变更后薪酬水平的口头约定,A公司主张双方口头约定工资为8 000元,孙某主张双方除8 000元外,还约定了1 600元的绩效工资。由于双方均未提供口头约定的证据,法院根据孙某两年多来一直认可8 000元工资的行为,推断A公司主张的真实性。在实践中经常出现用人单位与劳动者双方对于口头约定各执一词的情形,如某员工向公司提出涨薪2 000元/月,公司负责人口头表示许可并承诺在年底结合员工绩效表现实行全年一并发放,当年年底员工向公司要求支付时,公司对于口头约定不予认可。

关于口头约定的争议诉至法院后,主张方要提供当时口头约定的证据,如证人证言、双方口头约定传真、电子邮件、聊天记录、电话录音、视频等。本案中,孙某主张A公司与之约定9 600元工资的行为,除其自述外,无法提供任何证据证明其主张,因此无法被法院采信。

[基本案情]

口头变更劳动合同,且已实际履行,是否有效?[1]

许某于2014年3月到A公司工作。2015年,许某均是上一天24小时班,休息2天。2016年1月开始上一天休三天,但是A公司2016年2月26日跟许某协商让其改成原来的上一天休两天,并要求其从3月1日开始。双方一致确认合同于2016年2月29日终止。

许某遂解除劳动合同,要求支付经济补偿。

A公司辩称,双方正在协商阶段,如若协商不成,许某仍将会按照原工作时间模式执行。在双方协商过程中,许某擅自离职,连续旷工,过错在许某。

---

[1] 中国裁判文书网:(2017)苏01民终817号。

[法院裁判]

本案中，双方签订的劳动合同虽约定为"做一休二轮休制"，但自2016年1月起许某的工作时间已按照上一天休三天的模式实际履行，劳动合同的内容已发生变更。《中华人民共和国劳动合同法》第三十八条第一项、第四十六条第一项规定，用人单位未按照劳动合同约定提供劳动保护或者劳动条件的，劳动者可以解除劳动合同，用人单位应当向劳动者支付经济补偿。现许某提交的证据能够证明，A公司将其的工作时间调整为"做一休二"，且拒绝按照原工作时间继续履行劳动合同，该调整对许某的工作强度及劳动报酬均产生实质影响，应当认定为A公司未按照劳动合同约定提供劳动条件，许某有权提出解除劳动合同，A公司应依法支付许某解除劳动合同的经济补偿。

[案件解析]

本案中，用人单位分别于2016年1月和2月对劳动者的工作时间进行了调整。第一次调整将"做一休二"改为"上一天休三天"，虽未经过协商，但事实上已经实施了2个月，可以视为A公司与许某之间对于工作时间的修改以实际行动达成了一致。第二次调整将"上一天休三天"改回"做一休二"，在许某提出反对后，在双方未能协商一致的情形下，强行实施，此时许某认为用人单位不提供劳动条件，被迫解除劳动合同。

3.10.2 劳动合同变更的程序

用人单位进行劳动合同变更的一般程序：

①用人单位通知劳动者。用人单位在变更劳动合同前，应就合同变更的理由、变更的内容通知劳动者，并提出劳动者答复的期限。

②劳动者作出答复。劳动者就用人单位提出变更劳动合同的要求进行答复。

③签订变更协议。用人单位和劳动者经过平等协商，确定劳动合同变更的内容，并且签订变更协议，双方签字盖章。

用人单位通知劳动者变更劳动合同后，会出现以下四种结果：

3 劳动合同的终止、解除与变更

①双方协商一致变更劳动合同。这种结果最为理想，双方变更协议的方式将劳动合同变更的结果予以确认后，基本不会发生劳动争议。

②用人单位通知劳动者变更劳动合同后，劳动者并未作出表示，但服从了用人单位新的安排，按照用人单位提出变更的内容开展工作。此种情况，依据《最高人民法院关于审理劳动争议案件适用法律若干问题的解释（四）》第十一条规定，可视为变更后的劳动合同已经生效。在这种情形下，用人单位要注意保留通知记录作为可能出现劳动争议的证据。

③用人单位通知劳动者后，劳动者并未作出表示，且并未服从用人单位新的安排，未按照用人单位提出变更的内容开展工作。用人单位此时需要与劳动者进行进一步的协商，要求其给出明确的答复，不能简单地以"劳动者不服从工作"安排为由与之解除劳动合同。

④用人单位通知劳动者后，劳动者明确表示不同意变更。此时用人单位可以在充分与劳动者沟通的基础上决定与劳动者继续履行原有的合同还是与之解除劳动合同，在与之解除劳动合同时需注意是否满足《中华人民共和国劳动合同法》第四十条中关于"劳动合同订立时所依据的客观情况发生重大变化，致使劳动合同无法履行"的要求，如不满足这一要求需采用协商解除劳动合同方式与劳动者解除劳动合同。

[基本案情]

合同中约定了用人单位的调岗权后，用人单位就可以随意调岗吗？❶

黄某与 A 公司于 2017 年 7 月 1 日签订劳动合同书一份，黄某从事作业员工作，合同第十二条第二项约定：甲方按照法律法规、规章制度的规定以及本合同的约定依法对乙方调岗、培训和调整工作地点，乙方无正当理由拒不就任的，视为不服从工作安排，甲方有权按照规章制度的规定处理。

2018 年 4 月 23 日，A 公司向黄某发送《工作岗位变更通知书》，将其由作业员调整为钳配工，职称以及薪资福利保持不变，并让其于 2018 年 4 月 24 日至精密模具中心报到。若未按时至新岗位报到，公司将按照规章制

---

❶ 中国裁判文书网：(2019) 苏 0412 民初 5039 号。

度按旷工处理。黄某在该变更通知书上写明：不同意。

同年 4 月 29 日、5 月 23 日黄某多次与 A 公司就调岗事宜进行沟通，2018 年 6 月 13 日，A 公司向黄某发出《工作委派通知书》，载明从 2018 年 6 月 12 日起，公司将委派你到集团关联公司 B 公司工作，黄某与公司未就此达成一致。

同年 6 月 26 日，A 公司向黄某邮寄《解除劳动合同通知书》，以"无正当理由，拒不接受合理工作安排、调岗"；"一个月内连续旷工累计三天及以上"为由认定黄某严重违反公司的规章制度，与之解除劳动合同。

黄某提起诉讼要求 A 公司支付违法解除合同经济赔偿金。

[法院裁判]

纵观整个调岗、返岗及委派的过程，A 公司并未有证据证明其调整黄某工作内容具有合理性，相反，A 公司对黄某的工作岗位、工作地点、用工主体多次变更，显示了较强的任意性和随意性。A 公司对黄某进行调岗、委派的行为违法，A 公司以黄某未至新的岗位上班按照黄某旷工处理，缺乏事实依据，其据此解除与黄某的劳动合同，属于违法解除劳动合同，应当依法支付黄某赔偿金。

[案件解析]

劳动合同的变更对劳动者影响重大，虽然双方在劳动合同中约定了 A 公司有调整劳动者工作内容的权利，但并不意味着 A 公司可以随意调换劳动者的工作岗位。本案中，A 公司在下发《工作岗位变更通知书》未得到劳动者同意后，又未经协商将劳动者委派到关联企业工作，也并未给出调岗的理由和依据，虽然双方在劳动合同中有所约定，其调岗行为也是无效的。

4 薪酬支付

4.1 薪酬总额

4.1.1 工资的界定

原劳动部《关于贯彻执行〈中华人民共和国劳动法〉若干问题的意见》中规定，劳动法中的"工资"是指用人单位依据国家有关规定或劳动合同的约定，以货币形式直接支付给本单位劳动者的劳动报酬，一般包括计时工资、计件工资、奖金、津贴和补贴、延长工作时间的工资报酬以及特殊情况下支付的工资等。"工资"是劳动者劳动收入的主要组成部分。劳动者的以下劳动收入不属于工资范围：①单位支付给劳动者个人的社会保险福利费用，如丧葬抚恤救济费、生活困难补助费、计划生育补贴等；②劳动保护方面的费用，如用人单位支付给劳动者的工作服、解毒剂、清凉饮料费用等；③按规定未列入工资总额的各种劳动报酬及其他劳动收入，如根据国家规定发放的创造发明奖、国家星火奖、自然科学奖、科学技术进步奖、合理化建议和技术改进奖、中华技能大奖等，以及稿费、讲课费、翻译费等。

《国家统计局关于工资总额组成的规定》第十一条规定，下列各项不列入工资总额的范围：

（一）根据国务院发布的有关规定颁发的发明创造奖、自然科学奖、科学技术进步奖和支付的合理化建议和技术改进奖以及支付给运动员、教练员的奖金；

（二）有关劳动保险和职工福利方面的各项费用；

（三）有关离休、退休、退职人员待遇的各项支出；

（四）劳动保护的各项支出；

（五）稿费、讲课费及其他专门工作报酬；

（六）出差伙食补助费、误餐补助、调动工作的旅费和安家费；

（七）对自带工具、牲畜来企业工作职工所支付的工具、牲畜等的补偿费用；

（八）实行租赁经营单位的承租人的风险性补偿收入；

（九）对购买本企业股票和债券的职工所支付的股息（包括股金分红）和利息；

（十）劳动合同制职工解除劳动合同时由企业支付的医疗补助费、生活补助费等；

（十一）因录用临时工而在工资以外向提供劳动力单位支付的手续费或管理费；

（十二）支付给家庭工人的加工费和按加工订货办法支付给承包单位的发包费用；

（十三）支付给参加企业劳动的在校学生的补贴；

（十四）计划生育独生子女补贴。

4.1.2 工资的举证

涉及工资的劳动争议中，双方用以举证证明的工资标准、工资总额、工资支付的证据主要有两类。

（1）直接证据

①劳动合同。劳动合同是劳动者与用人单位之间确立劳动关系，明确双方权利和义务的书面协议。根据《中华人民共和国劳动合同法》第十七条规定"劳动报酬"是劳动合同的必备条款，劳动合同中双方对于工资总额和工资支付方式等事项的约定，是出于自身真实意思的表达（能够证明自身出于欺诈、胁迫以及乘人之危签订劳动合同者除外）且以书面形式加

以确定。因此，劳动合同一般被视为涉及工资劳动争议的基本证据。如果用人单位与劳动者并未签订劳动合同，或者劳动合同中关于工资相关的内容约定不明，如"工资水平视员工表现确定""工资按本单位相关制度执行"，则需要提供其他证据予以证明。另外，《中华人民共和国劳动合同法》第十一条规定，用人单位未在用工的同时订立书面劳动合同，与劳动者约定的劳动报酬不明确的，新招用的劳动者的劳动报酬按照集体合同规定的标准执行；没有集体合同或者集体合同未规定的，实行同工同酬。

[基本案情]

未提供发票，能否照常支付补贴？[1]

张某于2016年12月1日进入A公司工作，双方签订了期限至2017年3月31日的劳动合同，此后双方续订劳动合同，期限至2017年8月31日，合同约定张某担任招商总监，月基本工资6 000元，补贴14 000元（此部分需个人提供相应发票）。2017年10月24日，A公司寄送劳动合同终止通知书，通知张某劳动合同于2017年8月30日到期，劳动关系终结。双方确认2017年8月工资差额2 814元，A公司表示因张某未提交发票，故该款额系代张某缴纳的税款。

张某提出仲裁，要求A公司支付终止劳动合同经济补偿金6 000元以及2017年10月补偿款2 000元，后诉至法院。

[法院裁判]

双方劳动合同约定，张某基本工资6 000元，补贴14 000元，A公司要求张某提供发票支付补贴，系对支付形式的要求，但该补贴仍然是张某的工资组成部分，故A公司应按照20 000元基数支付张某。A公司要求张某提供发票支付补贴，有避税嫌疑，有损国家利益，法院对此支付形式不予认同，由此产生的法律后果，由A公司承担。

[案件解析]

劳动合同中约定的工资数额是双方合意的表示，本案中补贴的支付方

---

[1] 中国裁判文书网：(2018) 沪0105民初6228号。

式并不影响该项工资的支付。在劳动关系管理实务中，一些企业出于成本节约的考虑，要求员工采用"发票抵工资"的方式领取报酬，这样不但会给其后的薪酬支付、离职补偿、社保基数等带来劳动争议，还可能给企业带来其他的风险。

首先，发票本身的格式、日期、单位、备注栏、清单附件等都有非常严格的要求，而员工发票来源比较复杂，甚至会通过一些不正规的渠道取得。财务人员如果把关不严或者工作疏忽，将不规范的发票入账，则会给企业带来财务风险。其次，员工所提供的发票往往并不是企业经营真实发生的业务，即便是提供的不能抵扣增值税的普票，依然导致了企业所得税的少交，给企业带来财务风险。

②集体劳动合同。《集体合同规定》第六条规定，用人单位与职工个人签订的劳动合同约定的劳动条件和劳动报酬等标准，不得低于集体合同或专项集体合同的规定。集体合同应当报送劳动保障部或劳动保障部指定的省级劳动保障行政部门，当发生劳动争议时可以向相关部门申请调取。

③用人单位与工资有关的文件。用人单位下发的工资标准、工资兑付方式、工资调整模式等相关的工资制度（纸质版或者电子版）以及对工资相关内容有明确描述的岗位说明书、岗位任命状、职务晋升通知、年度目标任务书涉及工资的文件均可作为直接证据。

④工资条。《工资支付暂行规定》第六条规定，用人单位在支付工资时应向劳动者提供一份其个人的工资清单，即通常所说的"工资条"。工资条往往没有用人单位的公章，一般以"小纸条"的形式呈现，其证据效力比较薄弱，应结合其他形式的证据以提高证明力度。

⑤工资台账。《工资支付暂行规定》第六条规定，用人单位必须书面记录支付劳动者工资的数额、时间、领取者的姓名以及签字，并保存两年以上备查。明确并保存工资台账是用人单位的法定义务，《中华人民共和国劳动争议调解仲裁法》第六条规定，发生劳动争议，当事人对自己提出的主张，有责任提供证据。与争议事项有关的证据属于用人单位掌握管理的，用人单位应当提供；用人单位不提供的，应当承担不利后果。因此，劳动单位应详细、真实地编制工资台账，并进行妥善保存，以免在劳动争

议中承担不利的后果。

(2) 间接证据

①银行及其他电子支付转账记录。用人单位以银行转账的形式发放工资的，汇款方和收款方可以前往银行打印转账记录，如出现个人账户向劳动者汇款的情况，需证明该人员与用人单位的身份关联性，如用人单位的法定代表人、股东、财务或人力人员，并通过汇款的时间、额度、频率等证明其汇款的工资性质。

随着移动互联网时代的到来，微信、支付宝等电子支付方式也成为用人单位支付工资的手段，这些电子支付方式往往以个人名义支付，双方会对该项支付的性质产生争议。

[基本案情]

个人微信转账记录能够作为证据吗？❶

2018 年 6 月 19 日，孙某入职 A 公司从事彩色印刷机操作等工作，月平均工资为 10 000 元 + 夜宵补贴 350 元，未签订书面劳动合同，未办理社会保险。孙某于 2018 年 11 月 23 日从 A 公司离职，2018 年 12 月 8 日向劳动人事争议仲裁委员会申请劳动仲裁，仲裁裁决 A 公司与孙某存在劳动关系，A 公司向孙某支付未签订劳动合同补偿金。A 公司不服，遂诉至法院。

孙某为证明其主张，向法院提交了微信转账记录、工资条、录音光盘等证据。

A 公司主张，孙某并未在 A 公司上班，孙某微信转账收到的款项不是 A 公司发放的工资，而是案外人与孙某之间的经济债务。

[法院裁判]

孙某提交了其与郑某关于离职过程的谈话录音记录，至少可说明孙某曾在郑某的管理下工作。郑某作为 A 公司的股东及监事，直接参与公司的管理，A 公司主张孙某为郑某私下聘请，与 A 公司不存在劳动关系，于常理不符，本院不予采信。孙某主张其工作内容为彩色印刷机操作，属于 A 公司的业务组成部分，工资由 A 公司股东兼监事郑某定期向孙某发放，并

---

❶ 中国裁判文书网：(2019) 粤 0306 民初 9455 号。

向本院提交了微信转账记录及录音光盘予以佐证，综上，足以认定双方之间存在劳动关系。A 公司主张，孙某系郑某私人聘用人员应提出反证，但未能提供充分有效的证据予以证明。

[案件解析]

本案的焦点在于作为公司股东和监事的郑某通过个人微信向孙某转账的行为，是否能够视为 A 公司向孙某发放工资。一些企业财务管理比较混乱，在工资发放、货款支付上经常出现公司账户和个人账户混淆不清的情况，但并不能因此排除劳动者应享有的权利。本案中，郑某作为 A 公司的股东和高管，向为 A 公司工作的孙某发放工资，在 A 公司无法提供足够反证的情况下，一般会被视为其通过个人账户向孙某支付劳动报酬。如公司高层管理人员以个人名义聘任他人为其提供劳动，应与提供劳动的人员签订劳务协议，明确双方的权利、义务关系，以避免出现劳动关系认定的争议。

②工资收入证明。劳动者在办理信用卡、银行贷款、住房按揭、廉租房申请、出国签证，以及诉讼中主张误工费时会请所在用人单位配合出具盖有公章的工资收入证明，此类证明带有用人单位的公章，具有较强的证明力。但在实践中，由于出具证明的目的不同（如申请贷款时，劳动者希望用人单位将其收入"做高"，而申请廉租房、经济适用房时则希望用人单位将其收入"做低"），工资收入证明中的收入水平可能与实际情况发生出入，因此还需要其他证据加以佐证。

③QQ、微信、电子邮箱、办公系统中涉及工资的记录。根据 2019 年 10 月 14 日，最高人民法院关于修改《关于民事诉讼证据的若干规定》，电子数据可以作为证据提交到法院。

④其他间接证据。个税缴纳明细、社保、公积金缴纳明细、证人证言以及涉及工资内容的录音、录像等均可作为间接证据。

4.1.3 年终奖

年终奖是用人单位在一定周期（通常为一年）内，结合用人单位收入、利润、业务规模、目标任务情况以及员工个人绩效表现，在年底或次年年初向员工发放的一种带有奖励性质的工资，应属于《关于贯彻执行〈中华人民共和国劳动法〉若干问题的意见》中规定的"奖金"部分。对于一些绩效表现不确定性较强的员工，如市场人员、销售人员、高管等，企业会采用"高年终奖，低固定工资"的薪酬结构，其年终奖往往会占到其工资总额的30%以上。年终奖的支付一般会与企业业绩和员工业绩挂钩，并有明确的支付标准，一些企业还会通过年度目标任务书（企业下发目标任务书、员工签字）的形式加以明确。

[基本案情]

开除员工的理由不被认可，公司仍要支付年终奖。❶

2011年3月1日，A公司与褚某签订劳动合同，2014年签订无固定期限劳动合同，褚某担任部门经理。2015年12月7日，A公司向褚某发送了"年度目标薪酬增加"的书面通知，其中写明自2015年10月1日起褚某的年度目标奖金（如果设定目标达到100%完成率）为人民币95 800元（总数）。2016年5月，A公司发现褚某自2013年5月至2015年3月，存在多次虚构报销发票的行为，还与其下属串通，规避公司报销单4 000余元。A公司认定其行为严重违反公司诚实守信的企业文化以及相应的规章制度，属于严重违纪，因此于2016年9月18日以严重违纪为由与其解除劳动关系。

对于年终奖，A公司主张，公司以违纪解除劳动合同，根据公司的规定，其不具有获得年终奖的资格，并提交公司奖金目标设定准则以证明无须支付褚某年终奖，其中9.4条规定："如果员工表现不好或合规原因被解雇，公司将不支付奖金。"

褚某对A公司解雇其的理由不予认可，要求A公司赔偿违法解除劳动合同赔偿金，并要求A公司支付年终奖，遂提起仲裁，后诉至法院。

[法院裁判]

A公司主张褚某违规报销、与其下属串通规避公司报销制度，严重违反其规章制度，因此与其解除劳动合同，应承担举证责任，提供充分的证据予以证明。经法院认定A公司提供的证据尚不足以证明褚某的行为达到

---

❶ 中国裁判文书网：（2017）京0105民初19456号。

严重违反规章制度的程度,应支付褚某违法解除劳动关系的赔偿金。现褚某主张其部门业绩及个人表现都达到了签订的绩效目标,法院支持褚某要求其按照 100% 的比例支付年终奖的请求。

[案件解析]

本案中,A 公司虽与褚某对年终奖的支付条件与支付金额进行了约定,并在企业内部规章制度中对于员工获得年终奖的资格进行了明确的规定,但由于其所提供的证据不足以支持"员工表现不好或合规原因被解雇"。另外,褚某部门业绩及个人表现达到了双方约定的年终奖支付标准,A 公司理应履行其承诺。

用人单位在与劳动者进行年终奖支付的约定时,应明确年终奖的发放对象、发放条件和标准、发放时间、发放资格。在发放资格方面,用人单位一般都会将员工出现"违法违纪""重大失误""重大损失"等过失性行为作为年终奖领取的门槛。员工出现类似行为时,用人单位要及时收集和保留证据,以便在可能出现的劳动争议中进行举证。

由于年终奖一般都在当年年末或者次年年初发放,一些在此之前主动离职的劳动者在离职时或者在得知用人单位发放年终奖后,会向用人单位提出发放年终奖的要求,而用人单位以劳动者未完成全年工作为由拒绝向其发放年终奖,从而产生劳动争议。

[基本案情]

员工中途主动离职,企业需要支付年终奖吗?❶

邓某于 2017 年 9 月 25 日从 A 公司离职,A 公司根据《A 公司深圳分行员工薪酬制度实施细则》,在邓某离职后,取消其获得年终奖的权利,后邓某提请仲裁,要求 A 公司支付 2017 年 1 月 1 日至 2017 年 9 月 25 日期间年终奖 687 433.87 元。邓某的请求得到仲裁委员会的支持,A 公司对仲裁委员的裁决结果不服,遂诉至法院。

[法院裁判]

《深圳市员工工资支付条例》第十四条规定,劳动关系解除或者终止

---

❶ 中国裁判文书网:(2018)粤 0304 民初 36477 号,(2019)粤 03 民终 5169 号。

时,员工月度奖、季度奖、年终奖等支付周期未满的工资,按照员工实际工作时间折算计发。本案中,双方于2017年9月25日解除劳动关系时,邓某2017年度年终支付周期未满。按照上述规定,A公司应当按照邓某实际工作时间折算计发2017年度的年终奖。《A公司深圳分行员工薪酬制度实施细则》与《深圳市员工工资支付条例》的规定不一致,应当适用具有法律效力的地方性法规。

[案件解析]

《中华人民共和国劳动合同法》第二十六条规定,劳动合同中用人单位免除自己的法定责任、排除劳动者权利的条款应属于无效条款。A公司制定的《A公司深圳分行员工薪酬制度实施细则》虽然属于企业内部规章制度,但不能免除自身法定责任和排除劳动者权利。另外,A公司关于离职员工不支付年终奖的规定也与当地地方性法规发生冲突,因此应被视为无效规定。

4.1.4 津贴补贴

津贴是指为补偿劳动者特殊或额外的劳动消耗和因其他特殊原因支付给劳动者的工资补充形式,如高温津贴、井下津贴、高原津贴等。

补贴是指为保证劳动者工资水平不受物价上涨或变动影响而支付的各种补贴,如物价补贴、住房补贴等。

《中华人民共和国劳动合同法实施条例》第二十七条规定,劳动合同法第四十七条规定的经济补偿的月工资按照劳动者应得工资计算,包括计时工资或者计件工资以及奖金、津贴和补贴等货币性收入。根据该项规定,用人单位支付给员工的津贴、补贴都应作为薪酬的一部分。在劳动关系管理实务中,用人单位津贴补贴的发放形式比较复杂,往往会引起劳动争议。

[基本案情1]

员工离职,需要返还住房补贴吗?❶

2015年8月27日,A公司与杨某签订劳动合同,建立劳动关系。

---

❶ 中国裁判文书网:(2019)冀02民终2374号。

2017年1月17日，A公司与杨某签订了《住房补贴协议书》，其中约定"甲方（A公司）为乙方（杨某）提供的住房补贴标准为800元/月，采取按月发放的方式进行，发放期限截止为2018年12月31日"，"在享受补贴的合同期内因个人原因离职，按照应发放金额全额归还已发的住房补贴"。2018年9月14日，杨某向A公司提出了辞职申请。按照双方所签订的《住房补贴协议书》的约定，杨某应将其领取的15 200元住房补贴归还A公司，杨某拒绝归还。A公司遂提起仲裁后，诉至法院。

杨某主张，A公司支付给杨某的住房补贴属于工资性质，是工资构成的一部分，已随工资及其他津贴一并实际发放，杨某也为此缴纳了相应的个人所得税。杨某系在A公司工作期间取得的住房补贴，该住房补贴属于杨某的合法劳动报酬，A公司要求张某返还住房补贴于法无据，不应予以返还。

[法院裁判1]

A公司与杨某签订正式的劳动合同以后，建立了合法的劳动关系，在杨某放弃公司员工宿舍居住权的前提下，为杨某提供每月800元的住房补贴款。且住房补贴发放后，A公司向杨某提供宿舍的责任免除。由此可见，该住房补贴实际用于安置张某的住宿，且杨某在A公司处工作期间已经实际领取并使用。该协议书第七条虽约定了"在享受补贴的合同期内因个人原因离职，按照应发金额全额归还已发放的住房补贴"，但该条款违背了民法中的公序良俗原则，为无效条款。因此对于A公司的请求不予支持。

[基本案情2]

员工离职，需要返还住房补贴吗？❶

徐某于2002年入职B公司。2007年7月，B公司与徐某签订《住房补贴协议》约定，"徐某从《住房补贴协议》签订之日起，享受B公司支付的住房补贴，住房补贴标准为80万元，执行期为5年。徐某在使用住房补贴期间主动提出离职的，协议即行终止，徐某在离职日前应全额返还获得的住房补贴"。

---

❶ 中国裁判文书网：（2014）二中民终字第10487号。

2007年7月1日，徐某向B公司出具借款金额为80万元的借款单，借款理由为购房。2007年8月29日，B公司将80万元住房补贴款汇至徐某的银行账户。

2010年11月，徐某因个人原因从B公司辞职。2011年1月20日，徐某向B公司出具《还款承诺书》，承诺于2011年12月31日之前一次性向公司偿还住房补助80万元。

2014年1月24日，B公司向东城区仲裁委员会申请仲裁，要求徐某退还住房补贴80万元并支付利息损失。仲裁委员会支持了B公司的要求，徐某不服诉至法院。

徐某主张，住房补贴协议中关于员工未工作满一定年限即须全部返还住房补贴的约定明显属于单位免除自己的法定责任并排除劳动者的权利，应属无效，因此无须向B公司退还住房补贴款80万元。

[法院裁判2]

根据查明的事实，该住房补贴系B公司给予徐某超出工资范围之外的高福利待遇，而非根据劳动法律规定用人单位应当承担的义务，双方就此经过平等协商后自主决定签署了《住房补贴协议》，故该《住房补贴协议》系双方真实意思表示，并未违反法律及行政法规的强制性规定，应属合法有效，徐某离职后应按照约定退还住房补贴款80万元。

[案件解析]

案件1和案件2之所以产生两种不同的结果，其核心焦点在于用人单位支付给劳动者"住房补贴"的性质。案件1中，A公司支付给张某800元/月的住房补贴，属于劳动法中规定"工资"，用人单位理应履行其支付工资的义务，劳动者也具有获得工资的权利。案件2中，B公司支付给徐某的80万元，虽然在名义上称为"住房补贴"，其本质上是用人单位提供给徐某的"无抵押借款"，徐某在离职后签订的《还款承诺书》表明，其对这一款项性质的认可。案件2中，用人单位和劳动者双方均认可80万元的款项为B公司支付给徐某超出工资、奖金范围之外的高福利待遇。在双方订立《住房补贴协议》时，徐某明确知晓相关权利义务，对提前离职的后果有预期，在其离职时应返还已获得的利益。

用人单位为了吸引人才和保留人才，在按照劳动法规为员工支付工资、缴纳社保的基础上，另与劳动者进行协商，约定为劳动者提供额外福利待遇，如提供高额住房补助、报销房租、报销汽油费和车辆保养费等，以换取劳动者稳定地为用人单位工作。此类协议中，用人单位向员工提供额外福利待遇的前提是劳动者为用人单位提供持续性的劳动，劳动者一旦离职，这一协议的基础便已消亡，用人单位提供福利待遇的义务也随之终止。因此，用人单位在与劳动者约定类似补贴协议时，要对补贴的性质、支付的方式、支付的条件、终止支付的情况以及劳动者领取补贴后应尽义务进行明确规定，以避免日后的纠纷。

4.2 薪酬发放

4.2.1 薪酬发放的时间

《工资支付暂行规定》规定，工资必须在用人单位与劳动者约定的日期支付。如遇节假日或休息日，则应提前在最近的工作日支付。工资至少每月支付一次，实行周、日、小时工资制的可按周、日、小时支付工资。对完成一次性临时劳动或某项具体工作的劳动者，用人单位应按有关协议或合同规定在其完成劳动任务后即支付工资。劳动关系双方依法解除或终止劳动合同时，用人单位应在解除或终止劳动合同时一次付清劳动者工资。用人单位无故拖欠劳动者工资的，由劳动行政部门责令其支付劳动者工资和经济补偿，并可责令其支付赔偿金。

对于用人单位无故拖欠工资的情况，劳动部关于印发《对〈工资支付暂行规定〉有关问题的补充规定》中规定，"无故拖欠"系指用人单位无正当理由超过规定付薪时间未支付劳动者工资。不包括：①用人单位遇到非人力所能抗拒的自然灾害、战争等原因，无法按时支付工资；②用人单位确因生产经营困难、资金周转受到影响，在征得本单位工会同意后，可暂时延期支付劳动者工资，延期时间的最长限制可由各省、自治区、直辖市劳动行政部门根据各地情况确定。其他情况下拖欠工资均属无故拖欠。

《人力资源社会保障部办公厅关于妥善处理新型冠状病毒感染的肺炎疫情防控期间劳动关系问题的通知》第二条规定，企业因受疫情影响导致生产经营困难的，可以通过与职工协商一致采取调整薪酬、轮岗轮休、缩短工时等方式稳定工作岗位，尽量不裁员或者少裁员。符合条件的企业，可按规定享受稳岗补贴。企业停工停产在一个工资支付周期内的，企业应按劳动合同规定的标准支付职工工资。超过一个工资支付周期的，若职工提供了正常劳动，企业支付给职工的工资不得低于当地最低工资标准。职工没有提供正常劳动的，企业应当发放生活费，生活费标准按各省、自治区、直辖市规定的办法执行。

[基本案情]

疫情期间企业可以延迟发放员工工资吗？[1]

张某于2018年12月被A酒店招录并从事保洁员工作。双方约定张某月工资为2400元，每月15日发放工资。双方未签订劳动合同，只是按A酒店要求在入职登记表和入职须知签名。

2020年4月，A酒店在未与张某协商同意的情况下，扣发本月工资的20%，即480元。

2020年6月23日，张某提起仲裁，仲裁委员会不予受理后，诉至法院。

张某诉讼请求：A酒店应支付其拖欠工资480元。

A酒店辩称，为保证企业正常运营，保证员工的基本生活保障，只是作出了延迟发放薪资20%的临时规定，并且通知到张某，且该薪资在疫情后将予以补发。

[法院裁判]

根据《中华人民共和国劳动法》第五十条规定，工资应当以货币形式按月支付给劳动者本人。不得克扣或者无故拖欠劳动者的工资。据此，因A酒店未提供扣发工资20%是经双方协商同意和发工资的证据，故此A酒店应向张某支付扣发工资480元。

---

[1] 中国裁判文书网：（2020）吉0102民初6171号。

[案件解析]

《中华人民共和国劳动合同法》第三十五条规定,用人单位与劳动者协商一致,可以变更劳动合同约定的内容。变更劳动合同,应当采用书面形式。本案中,A 酒店扣发张某 20% 工资,并将在疫情结束后发放的行为,属于工资支付方式的变更,依法应履行劳动变更的程序与张某进行平等协商。

根据《人力资源社会保障部办公厅关于妥善处理新型冠状病毒感染的肺炎疫情防控期间劳动关系问题的通知》中"企业因受疫情影响导致生产经营困难的,可以通过与职工协商一致采取调整薪酬、轮岗轮休、缩短工时等方式稳定工作岗位"规定,企业采取调整薪酬、轮岗轮休、缩短工时等方式减少损失的前提仍是要与职工协商一致,不能单方面作出决定。本案中,A 酒店辩称其扣发工资是一种临时性的行为并通知了张某,但 A 酒店无法提供证据表明就扣发 20% 工资一事与张某进行了协商,并且取得张某的同意,因此 A 酒店的说法不能得到法院的支持。

及时支付工资是用人单位的法定义务,用人单位无故拖欠工资的,需对劳动者作出赔偿。《中华人民共和国劳动合同法》第八十五条规定,用人单位逾期不支付的,责令用人单位按应付金额百分之五十以上百分之一百以下的标准向劳动者加付赔偿金。

用人单位拖欠工资行为比较严重的,还可能涉嫌拒不支付劳动报酬罪。《中华人民共和国刑法》第二百七十六条规定,以转移财产、逃匿等方法逃避支付劳动者的劳动报酬或者有能力支付而不支付劳动者的劳动报酬,数额较大,经政府有关部门责令支付仍不支付的,处三年以下有期徒刑或者拘役,并处或者单处罚金;造成严重后果的,处三年以上七年以下有期徒刑,并处罚金。

单位犯前款罪的,对单位判处罚金,并对其直接负责的主管人员和其他直接责任人员,依照前款的规定处罚。有前两款行为,尚未造成严重后果,在提起公诉前支付劳动者的劳动报酬,并依法承担相应赔偿责任的,可以减轻或者免除处罚。

古某于 2016 年 3 月经营一间砖厂,雇请陈某等 15 名员工,从 2016 年

12月3日至2016年12月20日间,被告人古某共拖欠15名工人的工资共计人民币114 215元。陈某等15名员工多次向被告人古某追讨欠款,古某拒不发还工人工资。陆某市劳动监察大队于2016年12月9日和2017年1月6日,先后两次发出劳动保障监察限期改正指令书,要求古某发还15名工人工资,但被告人古某一直拒不发还。2017年6月29日,古某的亲属将古某拖欠的工资人民币114 215元交给市人力资源和社会保障局,现场发还陈某等15名工人。陈某等15名工人对被告人古某的行为表示谅解。

法院认为:古某采用逃匿的方法,逃避支付劳动者的报酬,数额较大,经政府有关部门责令支付仍不支付,其行为已构成拒不支付劳动报酬罪,应予惩处。公诉机关指控被告人所犯罪名成立,应予支持,考虑到古某亲属已将拖欠工资发还,并取得了工人的谅解,酌情予以从轻处罚。最终判决古某犯拒不支付劳动报酬罪,判处拘役五个月,缓刑十个月,并处罚金人民币5000元❶。

4.2.2 薪酬发放的方式

《劳动法》第五十条规定,工资应当以货币形式按月支付给劳动者本人。不得克扣或者无故拖欠劳动者的工资。《工资支付暂行规定》第五条规定,工资应当以法定货币支付。不得以实物及有价证券替代货币支付。

[基本案情]
手机可以抵工资吗?❷

2011年3月13日,陈某入职A公司,在光学制造部担任课长,双方签订过固定期限劳动合同,并于2017年3月14日签订自该日起的无固定期限劳动合同。2018年3月,因经营困难,A公司扣发了陈某2 500元工资。2018年4月27日,A公司向员工发出会议通知,要求C级别以上(含)全体员工于2018年4月28日参加会议。会议内容为A公司告知员工公司陷入经营困难的局面,故以手机抵扣员工的部分工资等。2018年8

---

❶ 中国裁判文书网:(2018)粤1581刑初400号。
❷ 中国裁判文书网:(2019)鄂0192民初2291号。

月 15 日，陈某领取了 1 台品牌为"保千里"的 64G 手机。A 公司以该手机折抵 2 500 元，抵扣了陈某 2018 年 3 月被扣发的工资。

2018 年 11 月 29 日，陈某向劳动人事争议仲裁委员会递交仲裁申请，要求 A 公司支付陈某 2018 年 3 月被克扣的工资 2 500 元。仲裁委支持了其要求。A 公司不服，遂诉至法院。

[法院裁决]

A 公司以手机抵扣工资虽有不当，但其经营确实发生了困难，且其曾于 2018 年 4 月 28 日召开员工会议对员工进行了告知，陈某知晓并于 2018 年 8 月 15 日领取了 1 部手机，可以认定双方当事人已对此协商一致。对于抵扣的金额，陈某领用手机时，A 公司以 2 500 元/台的价格进行抵扣并不存在价格虚高的情形。因此，A 公司在公司经营困难的情况下，采取以实物抵扣工资的措施，征得了员工的同意，抵扣价值亦为合理，且并非长期行为，该抵扣行为有效，陈某要求 A 公司补发被抵扣的 2 500 元工资没有充分的事实和法律依据，法院不予支持。

[案件解析]

本案中，A 公司以手机抵扣工资的行为虽与以货币支付工资的规定存在冲突，但是企业作出这种行为的原因在于生产经营发生了困难，且仅是以手机抵扣了陈某当年 3 月的工资（其他月份以货币形式发放），属于短期行为。另外，A 公司手机抵工资的行为也与劳动者进行了协商，陈某在领取手机时并未提出异议且手机的价值与抵扣工资相当，因此法院对 A 公司的这种行为表示了认可。

4.2.3 罚款

一些企业在制定规章制度时，会设置违反规章制度的罚款条款，如"迟到一次罚款 50 元""上班时间玩游戏一次罚款 100 元""在工作场所内吸烟罚款 50 元"等。用人单位的罚款是否合理，直接影响其工资支付的合法性。

罚款从本质上而言是对他人财产权的剥夺，这种剥夺无论是形式上还是实质上，都必须要有严格的法律依据。

《中华人民共和国行政处罚法》第九条规定，行政处罚的种类包括：警告、通报批评、罚款、没收违法所得、没收非法财物、暂扣许可证件、降低资质等级、吊销许可证件、限制开展生产经营活动、责令停产停业、责令关闭、限制从业、行政拘留、法律、行政法规规定的其他行政处罚。由此可见，罚款是行政处罚的种类之一，只能由行使国家行政权力的行政管理机关或者法律授权行使行政权力的机构来行使的行政处罚措施。

在用人单位规章制度中设定罚款条款的用人单位往往以1982年4月10日国务院发布、同日施行的《企业职工奖惩条例》作为直接的法律依据。但是，国务院2008年1月15日公布生效的《关于废止部分行政法规的决定》（国务院令第516号）明确规定，《企业职工奖惩条例》已被1994年7月5日公布的《中华人民共和国劳动法》、2007年6月29日公布的《中华人民共和国劳动合同法》代替。因此，《企业职工奖惩条例》中包括对职工处以罚款在内的全部内容已经废止，不能作为法律依据。❶

《中华人民共和国劳动合同法》和《中华人民共和国劳动法》中规定，对于违反规章制度的员工可以解除劳动合同，劳动者给用人单位造成损失的应进行赔偿，但并未赋予用人单位罚款的权利。

《工资支付暂行规定》第十五条规定，有下列情况之一的，用人单位可以代扣劳动者工资：（一）用人单位代扣代缴的个人所得税；（二）用人单位代扣代缴的应由劳动者个人负担的各项社会保险费用；（三）法院判决、裁定中要求代扣的抚养费、赡养费；（四）法律、法规规定可以从劳动者工资中扣除的其他费用。第十六条规定，因劳动者本人原因给用人单位造成经济损失的，用人单位可按照劳动合同的约定要求其赔偿经济损失。经济损失的赔偿，可从劳动者本人的工资中扣除。但每月扣除的部分不得超过劳动者当月工资的20%。若扣除后的剩余工资部分低于当地月最低工资标准，则按最低工资标准支付。可见，在《工资支付暂行规定》中

---

❶ 纪留利. 用人单位对劳动者的罚款处罚权探讨［J］. 法制与经济. 2012, 311 (5): 34, 36.

并未将罚款纳入代扣工资的范畴。

按照我国现行有效的劳动法律，用人单位对劳动者处以罚款是没有法律依据的，根据《中华人民共和国劳动法》《中华人民共和国劳动合同法》的规定，用人单位可以依法建立和完善劳动规章制度，并以此对劳动者进行管理，但并没有授权用人单位可以对劳动者罚款。

[基本案情]

员工乐捐1000元，被视为变相罚款。[1]

2011年9月16日，A公司与莫某签订《劳动协议》，约定莫某月工资为3000元。2011年10月，莫某正式入职A公司从事机修及电工工作。2012年9月26日，A公司张贴《关于莫某乐捐通报》，以莫某工作不负责任、造成搅拌机减速箱缺少润滑油烧坏3次、公司遭受损失为由，按公司规章制度对莫某作出乐捐1 000元的决定。

莫某离职后提出仲裁，要求退还1 000元乐捐，后诉至法院。

[法院裁判]

莫某与A公司所签订的《劳动协议》中并无对"乐捐"作约定，A公司制定的所谓"乐捐"制度，实际上是变相罚款，违反了相关规定，A公司以"乐捐"名义对莫某罚款1 000元应予退还。

[案件解析]

根据我国劳动法律法规的规定，劳动者如果违反劳动纪律或者因某些情况给用人单位造成损失，用人单位可以从工资中扣除其应赔偿的损失或依规定予以辞退，而不能采取罚款的形式。A公司虽将1 000元冠以"乐捐"的名义，但是其本质仍属于用人单位进行的罚款。

莫某向法院表示，A公司混合机减速箱是使用多年的陈旧设备，内部原部件及主轴严重磨损，漏油现象特别严重，由于机器时常都是超负荷工作，机器经常损坏在所难免。即便A企业以赔偿损失的名义，从莫某的工资中扣除，还需有足够的证据表明，搅拌机减速箱烧坏是由莫某工作失误导致的。

---

[1] 中国裁判文书网：(2014) 湛中法民三终字第62号。

[基本案情]

工作中抽烟罚款 4 000 元，法院不予支持。[1]

2016 年，李某经人介绍到 A 公司工作，双方约定月工资 4 000 元，2017 年 10 月 2 日，李某被辞退，双方在结算时，A 公司法定代表人王某提出因李某在做喷漆工作时吸烟违反厂规罚款 4 000 元、工作中听歌曲影响工作罚款 1 000 元，上款应从工资中扣除，致使双方产生争议。

[法院裁判]

李某在工作中吸烟，忽视操作安全，违反工作纪律是错误的，亦应批评教育，责令改正。按照法律规定，罚款应由法律授权的部门依职权按照法定程序行使，因法律没有赋予用人单位对员工罚款的权利，A 公司对李某进行罚款违反法律规定，其行为是无效的，法院不予支持。

[案件解析]

本案中，李某在喷漆操作中吸烟极易引发火灾，其行为的确违反了 A 公司的规章制度，A 公司对其进行处罚并无不可。由于我国法律并未授予用人单位罚款的权利，如果劳动者违反了用人单位的规章制度，企业可以通过"少发、不发全勤奖""降低绩效工资兑现系数"以及开除等方式对违纪员工进行管理，不能直接采用"罚款"的方式，如李某的行为直接导致了企业的损失，A 公司也可以要求其进行赔偿，并从李某的工资中予以扣除。

4.3 最低工资

最低工资是指，劳动者在法定工作时间或依法签订的劳动合同约定的工作时间内提供了正常劳动的前提下，用人单位依法应支付的最低劳动报酬。

《中华人民共和国劳动法》第四十八条规定，国家实行最低工资保障制度。最低工资的具体标准由省、自治区、直辖市人民政府规定，报国务院备案。用人单位支付劳动者的工资不得低于当地最低工资标准。

---

[1] 中国裁判文书网：(2017) 吉 0781 民初 3492 号。

4.3.1 最低工资的适用对象

《最低工资规定》第二条规定，本规定适用于在中华人民共和国境内的企业、民办非企业单位、有雇工的个体工商户（以下统称用人单位）和与之形成劳动关系的劳动者。国家机关、事业单位、社会团体和与之建立劳动合同关系的劳动者，依照本规定执行。

从以上规定可以看出，最低工资的适用对象为与用人单位建立劳动关系的劳动者。

[基本案情]

雇佣退休人员，需按照最低工资发放工资吗？❶

张某于2007年进入A公司工作，2013年4月30日，双方终止劳务关系。2013年8月2日，张某向劳动人事争议仲裁委员会申请仲裁，要求A公司支付2011年6月24日至2013年5月24日期间劳务工资差额人民币16 670元，该委员会认为张某已达退休年龄，不具有主体资格，张某遂诉至法院。

[法院裁判]

《上海市企业职工最低工资规定》的适用范围为本市范围内的企业及与之形成劳动关系的职工，而张某在进入A公司工作时，已超过法定退休年龄，不属于该规定的调整范围，故张某主张其劳动报酬应按本市职工最低工资标准计算，缺乏法律依据，法院不予支持。

[案件解析]

劳动关系的界定是最低工资规定适用的基础，最低工资的规定仅适用于与用人单位建立劳动关系的劳动者。本案中，张某在A公司工作时，已达到退休年龄，其与A公司间的关系应界定为劳务关系，不在《中华人民共和国劳动法》《中华人民共和国劳动合同法》调整范围之内，张某要求按照当地最低工资水平进行工资补差于法不合。

---

❶ 中国裁判文书网：（2013）沪二中民一（民）终字第2499号。

《最低工资规定》第三条规定，本规定所称正常劳动，是指劳动者按依法签订的劳动合同约定，在法定工作时间或劳动合同约定的工作时间内从事的劳动。劳动者依法享受带薪年休假、探亲假、婚丧假、生育（产）假、节育手术假等国家规定的假期间，以及法定工作时间内依法参加社会活动期间，视为提供了正常劳动。

此项规定表明最低工资适用于为用人单位提供了正常劳动劳动者，如劳动者并未提供正常劳动的，用人单位支付的工资可低于最低工资标准。

原劳动部《关于贯彻执行〈中华人民共和国劳动法〉若干问题的意见》第五十八条规定，企业下岗待工人员，由企业依据当地政府的有关规定支付其生活费，生活费可以低于最低工资标准，下岗待工人员中重新就业的，企业应停发其生活费。

原劳动部《关于贯彻执行〈中华人民共和国劳动法〉若干问题的意见》第五十九条规定，职工患病或非因工负伤治疗期间，在规定的医疗期间内由企业按有关规定支付其病假工资或疾病救济费，病假工资或疾病救济费可以低于当地最低工资标准支付，但不能低于最低工资标准的80%。

［基本案情］

出勤率不足，能否按照最低工资发放工资？❶

2010年3月王某到A公司工作。王某于2019年3月4日申请劳动仲裁，以"未及时足额支付劳动报酬、未依法缴纳社会保险"为由与A公司解除劳动合同，并主张其2018年2月、3月、4月、5月、6月、8月、9月、11月工资低于1 590元的最低工资标准，要求公司赔偿。经仲裁庭裁决后，A公司不服，遂诉至法院。

A公司主张，王某在上述月份的出勤天数分别为8天、18天、18天、19天、18天、20天、18天、18天，均未达到法定出勤天数。最低工资标准指的是按照劳动法规定的工作时间内最低收入标准，出勤不足时并不适用最低工资标准，上诉人不应支付最低标准的工资。A公司还提供了出勤表作为证据。

---

❶ 中国裁判文书网：（2020）冀08民终726号，（2019）冀0803民初1925、1927号。

王某对于出勤表的真实性不予认可。

[法院裁判]

劳动和社会保障部《最低工资规定》第三条第一款规定，本规定所称最低工资标准，是指劳动者在法定工作时间或依法签订的劳动合同约定的工作时间内提供了正常劳动的前提下，用人单位依法应支付的最低劳动报酬。本案中，A公司提交的王某工作期间的考勤表载明，王某于2018年的相关月份提供的正常劳动不足法定工作时间21.75天。A公司主张按照王某的实际工作天数支付其2018年的相关月份的工资，符合法律规定，法院依法予以支持。王某认为A公司提供的考勤表是虚假的，但不能提供有效证据予以证明，应当承担举证不能的不利后果。

[案件解析]

《最低工资规定》适用的前提是劳动者提供正常的劳动，从时间的维度上，劳动者提供劳动的时间应不低于法定标准工作时间。劳动和社会保障部《关于职工全年月平均工作时间和工资折算问题的通知》中规定，月计薪天数=（365天－104天）÷12月=21.75天。本案中，王某在相应月份的工作天数分别为8天、18天、18天、19天、18天、20天、18天、18天，均未达到法定出勤天数，因此无法认定其提供正常的劳动，用人单位按照其出勤天数发放的工资如果低于当地最低工资并无不当。

4.3.2 最低工资的范围

《最低工资规定》第十二条规定，在劳动者提供正常劳动的情况下，用人单位应支付给劳动者的工资在剔除下列各项以后，不得低于当地最低工资标准：

（一）延长工作时间工资；

（二）中班、夜班、高温、低温、井下、有毒有害等特殊工作环境、条件下的津贴；

（三）法律、法规和国家规定的劳动者福利待遇等。

实行计件工资或提成工资等工资形式的用人单位，在科学合理的劳动定额基础上，其支付劳动者的工资不得低于相应的最低工资标准。

劳动者由于本人原因造成在法定工作时间内或依法签订的劳动合同约定的工作时间内未提供正常劳动的，不适用于本条规定。

在劳动关系管理实务中，一些向劳动者提供食宿的用人单位主张，用人单位向劳动者提供的食宿加上发放的工资已经超过了当地最低工资标准，应视为用人单位支付劳动者的工资未低于当地最低工资标准。

如某地最低工资标准为1 500元/月，A餐厅向服务员支付工资1 000元/月，并提供住宿和一日三餐。A餐厅主张：A餐厅向员工提供的宿舍为公寓楼，A餐厅每月支出房租3 500元，共分配给5位服务员居住，平均每人分摊700元；A餐厅提供一日三餐，按平均每餐5元成本计算，按21.75天工作日计算，每月每人伙食支出为326元（15×21.75）；A餐厅向每位服务员支出费用合计2 026元（包括房租支出、伙食支出、工资支出），远远超过当地最低工资标准，并不违反法律的强制性要求。

在这种情况下，A餐厅向服务员提供的宿舍及一日三餐，均属于用人单位提供的福利，并不能计算在最低工资范畴之内，A餐厅支付给服务员的薪酬仅为1 000元/月，其所支付的工作未达到当地最低工资的标准。

4.3.3 计件工资制员工的最低工资

计件工资制是指按照劳动者提供生产的数量和预先规定的计件单价，来计算工资，而不是直接用劳动时间来计量的一种工资制度。计件工资比较适用于提供生产制造的企业和服务业，如生产线上的加工工人、快递公司的快递员等。

《中华人民共和国劳动法》第三十七条规定，对实行计件工作的劳动者，用人单位应当根据本法第三十六条规定的工时制度合理确定其劳动定额和计件报酬标准。

《最低工资规定》第十二条规定，实行计件工资或提成工资等工资形式的用人单位，在科学合理的劳动定额基础上，其支付劳动者的工资不得低于相应的最低工资标准。

[基本案情]

计件工资的员工也要按照最低工资发放薪酬吗?❶

2003年10月,雷某进入A公司上班。2007年12月21日,双方签订固定期限劳动合同,约定合同期限为2007年12月21日至2010年12月31日,该合同期满后,雷某继续在A公司上班,但双方未再签订劳动合同。2012年11月16日,A公司曾口头宣布终止与雷某的劳动关系,后又继续要求雷某回公司上班。雷某要求与A公司签订劳动合同并要求有最低工资标准保障,但A公司仍未与雷某签订劳动合同。2013年3月27日,雷某书面通知A公司,要求解除劳动关系,并于当日离开公司,不再上班。2013年7月16日,雷某提起仲裁,后诉至法院。

雷某主张,工资达不到当地最低工资标准,无双休日,无节假日且无任何加班费,甚至最基本的福利和劳动保护待遇都没有。为此,雷某与其他工友单方面提出与A公司终止劳动关系,要求A公司赔付雷某经济补偿金、双倍工资等。

就最低工资一项,A公司辩称,公司根据生产特点,实行的是计件工资制,在签订合同时即已明示,为双方所接受,按月计算可能有个别月份达不到最低工资标准,但按单位时间计算劳动报酬,是不会低于标准的。雷某主张补发工资,因实行的是计件工资制,故不能成立。

[法院裁判]

双方在原合同中约定,用人单位保证支付劳动者薪酬不低于当地最低工资标准。根据《最高人民法院关于审理劳动争议案件适用法律若干问题的解释(一)》第四十五条的规定,未按劳动合同约定支付劳动报酬、低于当地最低工资标准支付劳动者工资的,劳动者提出解除劳动合同的,用人单位应当支付劳动者经济补偿。本案中,存在A公司支付给雷某的劳动报酬低于当地最低工资标准的情形,据此,雷某要求A公司支付经济补偿金。

[案件解析]

用人单位从多劳多得的角度,实行"上不封顶、下不保底"的计件工

---

❶ 中国裁判文书网:(2013)丽景民初字第279号。

资制，本无可厚非，但由于用人单位制定的工作标准过高，一般工作熟练的正常劳动者也很难达到，导致劳动者的工资低于当地最低工资标准。如本案中雷某在正常工作出勤的情况下，其当月的收入仍低于当地的最低工资标准。

另外，实施计件工资制的劳动者一般是处于企业运营中的某一个环节，其工作量往往是由其上下游环节所决定的，其无法完成最低工作量的原因并非其本人造成的，如下面案例中提到的赵某。

某商场与赵某约定底薪 1 500 元，每出售 100 元的商品提成 5 元，每月的销售任务是 10 000 元，完不成任务就没有底薪。2017 年 3 月—5 月，由于该商场购进的服装不合消费者喜好而大量滞销。赵某每个月最多能卖 6 000 元的服装。于是商场按合同约定不给赵某发放底薪，赵某只拿到了 150 元的提成❶。

赵某无法完成 10000 元的销售任务是因为该商场所购商品不合消费者喜好，与赵某个人努力程度关系不大，且案例中看到赵某提供了正常劳动的行为，因此，某商场的这种规定是不合理的。

实行计件工资制的用人单位，无论采用的是超额累进计件、直接无限计件、限额计件、超定额计件中的哪种方式，在劳动者提供正常劳动的情况下，其所得的工资均不得低于当地最低工资的标准。

用人单位应该加强劳动定额管理，在科学合理制定劳动定额的基础上，确定基本计件单价和超额计件单价。劳动定额的核算方式有两种：一是生产单位产品耗费的时间，即工时定额，如某熟练车工加工某零件所需工时为 1.2 小时；二是单位时间内应当完成工作的数量，即产量定额，如某熟练的快递员一天之内，能够派送多少包裹。在确定劳动定额的基础上，测算用人单位支付给员工的工资水平，并在劳动合同中对于计件工资的支付标准与劳动者进行约定。

另外，实施计件工资制的用人单位还要注意日常的考勤和工作量的记录，以避免未来可能发生的劳动争议。

---

❶ 李天全. 实行计件工资时工人所得能否低于最低工资？［EB/OL］. 中国法院网. https://www.chinacourt.org/article/detail/2017/06/id/2893089.shtml. 2017－06－12.

4.4 加班工资

4.4.1 加班工资的一般性规定

《中华人民共和国宪法》第四十三条规定，中华人民共和国劳动者有休息的权利。国家发展劳动者休息和休养的设施，规定职工的工作时间和休假制度。劳动者在延长工作时间内进行工作，影响了其日常的休息，用人单位应该对此作出补偿。另外，经济学认为延长工作时间经济补偿越高，用人单位作为"市场经济人"往往会选择改进工作效率、利用机器取代人力等各种方式以减少劳动者的工作时间，尽量避免劳动者加班带来的人力成本的增加，即当加班费用增加大于其内部管理的投入时，用人单位就会选择通过改变管理方式避免劳动者加班❶。

《中华人民共和国劳动法》第四十一条规定，用人单位由于生产经营需要，经与工会和劳动者协商后可以延长工作时间，一般每日不得超过一小时；因特殊原因需要延长工作时间的，在保障劳动者身体健康的条件下延长工作时间每日不得超过三小时，但是每月不得超过三十六小时。

《工资支付暂行规定》第十三条规定，用人单位在劳动者完成劳动定额或规定的工作任务后，根据实际需要安排劳动者在法定标准工作时间以外工作的，应按以下标准支付工资：

（一）用人单位依法安排劳动者在日法定标准工作时间以外延长工作时间的，按照不低于劳动合同规定的劳动者本人小时工资标准的150%支付劳动者工资；

（二）用人单位依法安排劳动者在休息日工作，而又不能安排补休的，按照不低于劳动合同规定的劳动者本人日或小时工资标准的200%支付劳动者工资；

---

❶ 侯玲玲. 我国加班工资计算基数的地方裁审规则——以北京、上海、广东、深圳为样本［J］. 法学，2014（6）：138-148.

（三）用人单位依法安排劳动者在法定休假节日工作的，按照不低于劳动合同规定的劳动者本人日或小时工资标准的300%支付劳动者工资。

实行计件工资的劳动者，在完成计件定额任务后，由用人单位安排延长工作时间的，应根据上述规定的原则，分别按照不低于其本人法定工作时间计件单价的150%、200%、300%支付其工资。

4.4.2 加班的认定

《中华人民共和国劳动法》《工资支付暂行规定》等法律法规中虽然对加班加点工资的支付作出了明确的认定，但在劳动关系管理实务中仍存在大量的加班认定争议，只有在认定劳动者加班事实的情况下，用人单位才承担支付加班工资的义务。如某公司规定员工17：30下班，员工张某18：30下班。张某主张其在滞留在公司的一个小时，是为了完成手头的工作，属于日法定标准工作时间以外延长工作时间工作的范畴，公司应按本人小时工资标准的150%支付其工资。A公司主张，本公司并未安排张某17：30后在公司工作，张某滞留公司完全是其个人行为，公司无须为此支付薪酬。

劳动争议中的举证责任，一般适用民事诉讼中"谁主张，谁举证"。《中华人民共和国劳动争议调解仲裁法》第六条规定，发生劳动争议，当事人对自己提出的主张，有责任提供证据。《最高人民法院关于审理劳动争议案件适用法律若干问题的解释（三）》第九条更是明确规定，劳动者主张加班费的，应当就加班事实的存在承担举证责任。加班认定的举证责任在劳动者一方，劳动者主张用人单位应支付加班费，首先要先举证自己加班的事实。

在劳动关系中，劳动者处于相对信息弱势的一方，工资发放记录、考勤表、员工档案等资料往往难以获得，这给其加班举证带来一定的困难。为均衡劳动者与用人单位双方的力量对比，《中华人民共和国劳动争议调解仲裁法》第六条规定，与争议事项有关的证据属于用人单位掌握管理的，用人单位应当提供；用人单位不提供的，应当承担不利后果。《最高人民法院关于审理劳动争议案件适用法律若干问题的解释（三）》也对加班认定争议中用人单位的责任进行了明确，在其第九条规定，"劳动者有证据证明用人单位掌握加班事实存在的证据，用人单位不提供的，由用人单位承担不利后果"。因此，劳动者主张加班费时，用人单位有提供相关证据的义务，即在劳动者进行初步举证的基础上，用人单位应提供由其掌握管理的与加班事项有关的证据，如劳动者主张"公司考勤记录中对其加班情况有明确的记录"，公司表示无法提供考勤记录，则需要承担不利的后果，法院很有可能据此认定加班事实的存在❶。

[基本案情]

员工提供的考勤表未被法院认可，加班费的要求未获得支持。❷

2013年6月1日，张某入职A公司。2014年5月18日，A公司以"张某不能胜任本职工作、劳动态度差多次劝说无效、不听从公司安排"为由解除与张某的劳动关系，张某最后工作至2014年5月18日。

张某不服遂提起仲裁，要求A公司支付违法解除劳动合同的赔偿金，并要求A公司支付其2013年5月16日至2014年5月18日期间的加班加点工资46 545.71元，仲裁委不予受理，后诉至法院。

A公司主张，没有安排张某加班，事实上不存在拖欠加班工资的情形。张某提供电子考勤记录单及A公司官方网页证明自己加班的事实。

[法院裁判]

张某提供了电子考勤记录单，A公司否认该考勤记录的真实性，认为在此期间其单位没有电子考勤机。该考勤记录没有A公司单位名称，也没有考勤员签字。法院审理期间，张某提供了A公司的官方网页，证明A公司要求24小时网络维护，张某还提供了客户登记明细，证明周六、周日加班为客户服务，A公司认为张某系程序员，网络维护、监控不是其工作职责。经查，张某与A公司签订的劳动合同中张某的岗位是程序员，按通常理解，张某作为程序员，网络维护、监控应不是其工作职责。故张某提供

---

❶ 刘业林. 劳动者主张加班费，如何才能有效举证加班事实的存在？ [J]. 工会信息，2015，664（16）：15-16.

❷ 中国裁判文书网：（2015）沈中民五终字第1271号。

的证据不足以证明其存在加班的事实。

[案件解析]

根据《最高人民法院关于审理劳动争议案件适用法律若干问题的解释（三）》的规定，劳动者对于加班的认定负有举证责任。其中，劳动者提供的证据包括考勤记录、工资条、加班申请等直接证据，以及能够证明加班事实微信聊天记录、QQ聊天记录、电子邮件、通话录音、证人证言等间接证据，劳动者在正常时间外，为用人单位提供劳动的证据也可证明其加班事实的存在。本案中，在张某提供的电子考勤记录单这一直接证据的同时，也提供了A公司网页这一间接证据，但是其证据的有效性没有得到法院的支持。

用人单位在规章制度中应明确规定加班的审批制度和程序，并规定未经审批在单位延长停留的时间（如17：30规定下班，员工18：30下班），不应视作加班。同时，用人单位应及时记录劳动者考勤情况，并建立劳动者对考勤表的定期签字确认制度，建议以周为单位签字确认，最长不宜超过一个月❶。

4.4.3 值班与加班

值班是指用人单位为临时负责接听电话、看门、防火、防盗或为应当可能出现突发事件、紧急公务等原因，安排本单位有关人员在夜间、法定假日、法定休假日等非工作时间内轮流进行的工作。加班是劳动者在原有岗位上，在正常劳动时间外继续从事原来的工作。值班与加班的主要区别如下：❷

①工作内容不同。加班是为了完成未完成的本岗位的工作，值班则是为了临时性的工作，与劳动者的本职工作不一定存在必然联系。

---

❶ 庄严. 加班工资的举证责任谁承担［J］. 中国人力资源社会保障，2010，4(6)：43-44.

❷ 鲁志峰. 加班与值班的区别及界定［J］. 中国人力资源社会保障，2017(2)：47.

②工作地点不同。加班一般是在原工作地点、原工作岗位上工作,而值班的地点更广泛,可以是办公室、值班室。

③工作强度不同。由于值班的工作大多是临时设置,并且多是承担着与本职工作无关的非生产非经营性质的工作,因此对于劳动者的要求不高,其劳动时间长但工作强度低,劳动者在肉体和精神上的负担较为轻松。

④支付费用不同。用人单位应当根据法律的强制性规定,值班津贴或值班补贴的标准由用人单位自主确定。

[基本案情]

加班还是值班如何判定?❶

张某系 A 公司员工,张某提起诉讼要求 A 公司及 B 公司(张某主张 B 公司负有连带责任,后未得到法院认可)支付 2014 年 11 月至 2016 年 12 月的加班费合计 72 024.4 元。

张某主张其每周星期一至星期五除正常工作 8 小时外,还需要承担"待岗值班"的工作任务,还有"星期六、日日班""星期六、日夜班"、法定节假日值班等工作安排。每次值班的时间均超过 15 小时,每月工作超过 25 日。值班期间,张某不能离开工作单位,时刻待命,不能喝酒和外出。根据相关规定,值班时间虽然有别于正常工作时间,但因为工作任务不定时、工作要求高、工作支援少等情况,导致工作压力更大,且用人单位已对张某形成控制和管理,故应按值班时间计算加班费。

A 公司辩称,张某在正常工作时间外参与突发性抢修的情况已经做好记录,我司按记录发放加班费。张某所称的加班,实际上是在宿舍内休息,强度小,不能等同于加班性质,不需支付加班费。

[法院裁判]

经查,被告 A 公司提供的工资单列明,张某工资由基本工资、绩效工资、加班费、补贴等组成,张某每月均签收了工资单,其中已经包含了应当支付给张某的非工作时间抢修加班费。张某所称的待岗值班、休息日夜

---

❶ 中国裁判文书网:(2017)粤 0604 民初 7240 号。

班、法定节假日值班等，实际上张某在没有具体抢修任务的时候，均在宿舍休息，没有抢修任务时值班人员只是休息待命状态，工作量小，强度低，不能视为工作加班，张某诉请按工作加班性质计算加班费，法院不予支持。

[案件解析]

界定劳动者在非正常工作时间外的工作是加班还是值班，关键在于在此期间用人单位是否允许劳动者休息。如果在此期间，劳动者只是处于待命状态，有任务时工作，无任务时休息，则应被视为值班。本案中，张某主张的值班人员"不能离开工作单位，时刻待命，不能喝酒和外出"是用人单位为保证抢修任务出现时，值班人员能够及时到达现场所做的规定，并未要求张某在此期间不能休息，而且还为张某提供了宿舍用以休息之用，因此张某主张的加班费不能得到法院的支持。

4.5 特殊情况下的薪酬支付

4.5.1 工伤期间薪酬支付

《工伤保险条例》第三十三条规定，职工因工作遭受事故伤害或者患职业病需要暂停工作接受工伤医疗的，在停工留薪期内，原工资福利待遇不变，由所在单位按月支付。停工留薪期一般不超过12个月。伤情严重或者情况特殊，经设区的市级劳动能力鉴定委员会确认，可以适当延长，但延长不得超过12个月。工伤职工评定伤残等级后，停发原待遇，按照本章的有关规定享受伤残待遇。工伤职工在停工留薪期满后仍需治疗的，继续享受工伤医疗待遇。生活不能自理的工伤职工在停工留薪期需要护理的，由所在单位负责。

虽然《工伤保险条例》中对于劳动者工伤停工留薪期间的工资支付作出了"工资福利待遇不变"的规定，但在劳动关系管理实务中，对于"工资福利待遇"所包括的范围，用人单位和劳动者双方经常会发生争议。

[基本案情]

工伤员工停工留薪期间，有年终奖吗？❶

2011年2月9日，黄某与A公司签订劳动合同，2013年7月1日以腰椎间盘突出、心律失常、腰痛查因、身体不适等为由开始请假，提出做职业病检查，以后再未上班。2013年7月25日，桃源县疾控中心安排黄某至湖南省职业病防治院进行诊断，诊断结论为：尿氟、骨密度检查正常。2015年3月9日，常德市劳动卫生职业病防治所诊断为工业性氟病Ⅰ期。2015年5月12日认定为工伤。

2016年5月，黄某向劳动人事争议仲裁委员会申请仲裁，仲裁委不予受理，后诉至法院，要求A公司支付医疗费、住院伙食补助费、交通费、护理费、支付加班费、年终奖、工资补差及各项保险补差等。

[法院裁判]

黄某主张A公司应支付年中奖16 968元、年终奖33 935元，法院认为年中奖、年终奖实质上是用人单位对劳动者所取得的突出工作业绩的奖励，常与企业效益、劳动者的个人业务水平或能力等相关并且附有给付条件，奖金应否发放或发放多少应当根据劳动合同或者用人单位的规章制度予以确定。但黄某主张的奖励标准无任何证据予以证明。停工留薪期结束后，黄某未正常上班，当然不享有年中奖及年终奖。故对黄某的该项主张，不予支持。

[案件解析]

本案的焦点在于年终奖是否属于工伤员工停工留薪期间的"工资福利待遇"的范畴。一般来说，企业的年终奖是在企业获得超额利润收入时，从超额部分切分出一部分作为年终奖，并根据员工的个人业绩表现进行分配。如某公司当年利润水平超出年初计划的20%，公司决定将超额利润中的10%作为年终奖进行分配。这种年终奖本质上基于员工表现的利润分享机制，可以看作对于突出贡献人员的表彰，并非人人皆有，案例中黄某主张的年终奖就属于这种情况。

---

❶ 中国裁判文书网：（2018）湘07民终749号，（2016）湘0725民初980号。

在劳动关系管理实践中，还存在一种名义上的年终奖，即企业将员工绩效工资预留一部分，并根据年底考核结果发放，如某公司薪酬制度中规定"员工工资分为固定工资和绩效工资两部分，固定工资月度发放，绩效工资分为季度绩效和年度绩效两部分，季度绩效在季度考核后发放，年度绩效根据年度考核结果发放"，并规定"年度考核结果为优秀的，年度绩效工资按原有基数的1.5倍发放；结果为良好的，按1.2倍发放；结果为合格的，按1倍发放；结果为不合格的不予发放"。这种情况虽然有时也被称为"年终奖"，其实质上只是年度绩效工资，如果不存在不合格的情形，就应当支付给员工。如某员工2020年10月出现工伤，医疗期为6个月，2021年4月上班后，用人单位以其未参加2020年年度绩效考核为名，不予发放年度绩效工资。由于员工无法参与年度绩效考核并非其个人原因造成的，而且造成其无法参加考核的原因是"工伤"，用人单位的这种行为将会给其带来较大的劳动风险。

4.5.2 产假期间薪酬支付

《女职工劳动保护特别规定》第七条规定，女职工生育享受98天产假，其中产前可以休假15天；难产的，增加产假15天；生育多胞胎的，每多生育1个婴儿，增加产假15天。女职工怀孕未满4个月流产的，享受15天产假；怀孕满4个月流产的，享受42天产假。

《女职工劳动保护特别规定》第八条规定，职工产假期间的生育津贴，对已经参加生育保险的，按照用人单位上年度职工月平均工资的标准由生育保险基金支付；对未参加生育保险的，按照女职工产假前工资的标准由用人单位支付。

[基本案情]
生育津贴与产假工资能否兼得？[1]
2018年1月22日，林某因经济补偿金等问题与A公司、B公司（林

---

[1] 中国裁判文书网：(2018)闽0203民初7050号。

某系 B 公司派驻到 A 公司工作的员工，后经法院认定 B 公司无连带责任）发生劳动争议，而向劳动人事争议仲裁委员会申请仲裁，要求裁决 A 公司、B 公司共同支付产假工资。

仲裁委员会仲裁结果为：A 公司应支付林某 2017 年 11 月 7 日至 2018 年 1 月 9 日期间的产假工资差额 6 628.15 元。

林某不服裁决提起诉讼，主张仲裁委的裁决书中的"本委认定林某已享受 98 天的生育津贴。该 98 天的生育津贴可从林某的产假工资中予以扣除"是错误的。"生育津贴"是新时代中国特色社会主义的特殊政策，是对产妇的关怀、照顾，与产假工资无关，不应当从产假工资中扣除。

［法院裁判］

林某已通过第三方缴纳社会保险费而领取了生育津贴 5 238.03 元，林某已享受 98 天的生育津贴，该 98 天的生育津贴可从林某的产假工资中扣除。林某在休产假前 12 个月的平均工资为 3 207.17 元/月，因此，A 公司还应向林某支付 2017 年 11 月 7 日至 2018 年 1 月 9 日期间的产假工资差额 6 628.15 元。

［案件解析］

根据《女职工劳动保护特别规定》的规定，女性劳动者的生育津贴的支付方式有两种情况：对已经参加生育保险的，按照用人单位上年度职工月平均工资的标准由生育保险基金支付；对未参加生育保险的，按照女职工产假前工资的标准由用人单位支付。对于已缴纳生育保险的企业，生育津贴就相当于用人单位在女性劳动者产假期间向其支付的工资，不过其支付的主体为生育保险基金。北京市《关于调整本市职工生育保险政策有关问题的通知》（京人社医发〔2011〕334 号）第三条第二款规定，生育津贴即为产假工资，生育津贴高于本人产假工资标准的，用人单位不得克扣；生育津贴低于本人产假工资标准的，差额部分由用人单位补足。本案中，林某的诉求系对"产假工资"和"生育津贴"概念的误解，无法得到法院的认可。

4.5.3 年假期间薪酬支付

《职工带薪年休假条例》第五条规定，单位根据生产、工作的具体情况，并考虑职工本人意愿，统筹安排职工年休假。年休假在 1 个年度内可以集中安排，也可以分段安排，一般不跨年度安排。单位因生产、工作特点确有必要跨年度安排职工年休假的，可以跨1个年度安排。单位确因工作需要不能安排职工休年休假的，经职工本人同意，可以不安排职工休年休假。对职工应休未休的年休假天数，单位应当按照该职工日工资收入的300%支付年休假工资报酬。

《职工带薪年休假条例》第七条规定，单位不安排职工休年休假又不依照本条例规定给予年休假工资报酬的，由县级以上地方人民政府人事部门或者劳动保障部门依据职权责令限期改正；对逾期不改正的，除责令该单位支付年休假工资报酬外，单位还应当按照年休假工资报酬的数额向职工加付赔偿金；对拒不支付年休假工资报酬、赔偿金的，属于公务员和参照公务员法管理的人员所在单位的，对直接负责的主管人员以及其他直接责任人员依法给予处分；属于其他单位的，由劳动保障部门、人事部门或者职工申请人民法院强制执行。

《企业职工带薪年休假实施办法》第十条规定，用人单位经职工同意不安排年休假或者安排职工年休假天数少于应休年休假天数，应当在本年度内对职工应休未休年休假天数，按照其日工资收入的300%支付未休年休假工资报酬，其中包含用人单位支付职工正常工作期间的工资收入。用人单位安排职工休年休假，但是职工因本人原因且书面提出不休年休假的，用人单位可以只支付其正常工作期间的工资收入。

虽然《职工带薪年休假条例》和《企业职工带薪年休假实施办法》对于"用人单位经职工同意不安排年休假或者安排职工年休假天数少于应休年休假天数"的情形，作出了300%报酬的规定，但在劳动关系管理实践中，在年假事项上经常会出现"用人单位不安排，劳动者未申请"的情况。在这种情况下，用人单位往往会主张劳动者自愿放弃年假，而劳动者则要求用人单位支付300%的工资，从而产生劳动争议。

[基本案情]

逾期不休年假，算作员工自行放弃吗?❶

董某于2001年11月16日入职A公司，担任地区高级销售经理。2015

---

❶ 中国裁判文书网：(2018)京03民终6614号。

年 12 月 16 日，A 公司以董某提供虚假销售报告、虚假报销记录等事项为由，与董某解除了劳动关系。后双方因劳动关系解除及未休年休假事宜发生争议。

董某主张，其 2014 年及 2015 年每年享有 10 天法定年假，享有 16 天的公司年假，但其 2014 年及 2015 年均未休过年假，公司未支付年假工资，双方也未约定法定年假外的带薪年假如何补偿，故其要求 A 公司按照法定标准予以补偿。

A 公司主张根据公司规定，法定带薪年假以及公司补充带薪年假的计算周期从 1 月 1 日至 12 月 31 日止。在当年未休完的，可延续至下年度 3 月 31 日前使用，但过期未休，视为员工自动放弃，公司有权不予以补偿。2014 年的年假因董某在 2015 年 3 月 31 日前未休视为其自动放弃，A 公司就其主张提交年假记录表，显示董某 2014 年已休年假 8 天。

[法院裁判]

双方均认可 2015 年有 10 天法定年假及 16 天公司补充年假未休，而 A 公司的休假政策已明确规定，公司的带薪年假按照工资的一倍进行补偿，故仲裁裁决 A 公司支付 2015 年年假工资 48 766.3 元并无不当，法院对此予以支持。A 公司虽提交证据证明其休假情况，但该证据并无董某签名确认，亦未提交相应的休假申请，故本院对董某 2014 年未休法定年假的主张予以采信。

[案件解析]

用人单位制定的规章制度首先应满足合法性的要求，其中的内容不能超越法律法规的强制性规定，本案中的 A 公司的制度中"年假过期未休，视为员工自动放弃，公司有权不予以补偿"的规定违反了国家关于未休年假的补偿规定，侵犯了劳动者的休假权，因此无法得到法院的支持。

根据《企业职工带薪年休假实施办法》规定，用人单位安排职工休年休假，但是职工因本人原因且书面提出不休年休假的，用人单位可以只支付其正常工作期间的工资收入。当用人单位主张免除支付未休年休假工资中法定补偿部分时，用人单位应举证证明其已依法安排劳动者休假，劳动者因本人原因且书面提出不休年休假，如带有劳动者签名和"自愿放弃年假"的《年假安排单》。本案中，A公司在无法提供任何证据的情况下，主张董某自愿放弃了年假，因此无法得到法院的支持❶。

4.5.4 事假期间薪酬支付

事假是指劳动者因私事或其他个人原因请假，对于事假工资的支付标准没有专门法律进行规定，用人单位可以根据自身的工作特点确定。用人单位在制定事假工资支付标准时，有两点需要注意：

劳动者当年带薪事假达到20天者，用人单位可以不安排其年休假。《职工带薪年休假条例》第四条规定，职工请事假累计20天以上且单位按照规定不扣工资的，不享受当年的年休假。

劳动者请假参加社会活动，用人单位需支付工资。《工资支付暂行规定》第十条规定，劳动者在法定工作时间内依法参加社会活动期间，用人单位应视同其提供了正常劳动而支付工资。社会活动包括：依法行使选举权或被选举权；当选代表出席乡（镇）、区以上政府、党派、工会、青年团、妇女联合会等组织召开的会议；出任人民法庭证明人；出席劳动模范、先进工作者大会；《工会法》规定的不脱产工会基层委员会委员因工作活动占用的生产或工作时间；其他依法参加的社会活动。

[基本案情]

请假未批准，算作旷工吗？❷

孙某主张其于2016年3月8日跟A公司请事假，A公司没有批，然后孙某就未去上班，3月14日被口头辞退。

孙某遂提起仲裁，要求A公司支付违法解除劳动关系赔偿金，后诉至法院。

A公司主张，2016年3月8日孙某电话请假，A公司让孙某来办理请假手续，孙某拒绝办理，此后就一直没有来公司，长期旷工。2016年3月

---

❶ 王天淇. 逾期不休算放弃年假？关于年假，法官给了四点提示. 北晚新视觉. [EB/OL] https://www.takefoto.cn/viewnews-1773914.html. 2019.04.29.

❷ 中国裁判文书网：(2018) 京03民终30号。

14日孙某打电话问情况，A公司将其辞退。

[法院裁判]

劳动者应当遵守用人单位的规章制度。孙某以有事需要处理为由，向A公司请假，应当按照公司的要求办理请假手续，而其未办理请假手续，不再上班，违反了A公司对员工的正常管理制度，A公司解除与孙某的劳动关系，不违反法律规定，孙某要求支付违法解除劳动关系经济赔偿金，没有依据，法院不予支持。

[案件解析]

孙某因私事请假未得到公司的批准，其请假原因又不属于"参加社会活动"的情况，此后无故旷工，属于严重违反劳动纪律，A公司与孙某解除劳动关系属于合法解除，A公司无须支付赔偿金。

4.5.5 病假期间工资支付

《关于贯彻执行〈中华人民共和国劳动法〉若干问题的意见》第五十九条规定，职工患病或非因工负伤治疗期间，在规定的医疗期间内由企业按有关规定支付其病假工资或疾病救济费，病假工资或疾病救济费可以低于当地最低工资标准支付，但不能低于最低工资标准的80%。

这一条款仅限制了病假工资的最低标准，我国一些地区直接沿用了这个标准和算法；也有部分地区在不违背这个规定的前提下，公布了当地的病假工资政策，用人单位在与劳动者约定病假期间工资支付标准时需以当地病假工资政策为基础进行制定。

4.5.6 其他假期期间薪酬支付

（1）婚丧假

《中华人民共和国劳动法》第五十一条规定，劳动者在法定休假日和婚丧假期间以及依法参加社会活动期间，用人单位应当依法支付工资。

《工资支付暂行规定》第十一条规定，劳动者依法享受年休假、探亲假、婚假、丧假期间，用人单位应按劳动合同规定的标准支付劳动者工资。

（2）探亲假

《国务院关于职工探亲待遇的规定》第二条规定，凡在国家机关、人民团体和全民所有制企业、事业单位工作满一年的固定职工，与配偶不住在一起，又不能在公休假日团聚的，可以享受本规定探望配偶的待遇；与父亲、母亲都不住在一起，又不能在公休假日团聚的，可以享受本规定探望父母的待遇。但是，职工与父亲或与母亲一方能够在公休假日团聚的，不能享受本规定探望父母的待遇。

《国务院关于职工探亲待遇的规定》第三条规定职工探亲假期：

（一）职工探望配偶的，每年给予一方探亲假一次，假期为三十天。

（二）未婚职工探望父母，原则上每年给假一次，假期为二十天。如果因为工作需要，本单位当年不能给予假期，或者职工自愿两年探亲一次的，可以两年给假一次，假期为四十五天。

（三）已婚职工探望父母的，每四年给假一次，假期为二十天。

探亲假期是指职工与配偶、父、母团聚的时间，另外，根据实际需要给予路程假。上述假期均包括公休假日和法定节日在内。

根据《工资支付暂行规定》第十一条规定，探亲假期间用人单位应按劳动合同规定的标准支付劳动者工资。

[基本案情]

劳动者未休探亲假，用人单位是否要支付补偿金？[1]

宋某提起诉讼要求A煤矿支付其未休探亲假工资。宋某主张：根据《国务院关于职工探亲待遇的规定》，职工在规定的探亲假期和路程假期内，按照本人的标准工资发给工资。该条款已经明确了未安排探亲假的工资标准以及发放的法律依据。因宋某长期远居，不能与父亲、母亲、配偶相聚，宋某应当享受探亲假工资。宋某的工资组成是根据实际上班天数来计算的，A煤矿对于在探亲假期间的工资并没有计算到宋某的工资中，造

---

[1] 中国裁判文书网：（2019）苏03民终475号。

成了宋某工资的实际减少，因此 A 煤矿应当支付其未休探亲假工资。

A 煤矿辩称：《国务院关于职工探亲假待遇的规定》与实施意见仅对职工探亲期间的工资发放作出规定，并未对未享受探亲假的经济补偿作出规定，国家目前对此亦无新的规定。因此，在现行法律没有未休探亲假可折合工资规定的前提下，宋某要求 A 煤矿支付未休探亲假工资无法律依据。

[法院裁判]

关于探亲假工资，宋某主张 2015 年、2016 年，A 煤矿没有安排探亲假，因此要求 A 煤矿支付其未休探亲假工资，但法律并无规定未享受探亲需要另行支付工资的待遇，故宋某的该项主张无法律依据，法院不予支持。

[案件解析]

我国法律仅对探亲假期间的工资支付标准进行了规定，并无类似年假管理中对于"应休未休"假期补偿的规定，宋某的主张系对探亲假管理规定的错误理解，其主张没有法律依据。

4.5.7 停工期间工资支付

如果用人单位非因劳动者的原因停工停产，不得擅自停发劳动者工资。

《工资支付暂行规定》第十二条规定，非因劳动者原因造成单位停工、停产在一个工资支付周期内的，用人单位应按劳动合同规定的标准支付劳动者工资。超过一个工资支付周期的，若劳动者提供了正常劳动，则支付给劳动者的劳动报酬不得低于当地的最低工资标准；若劳动者没有提供正常劳动，应按国家有关规定办理。

《人力资源社会保障部办公厅关于妥善处理新型冠状病毒感染的肺炎疫情防控期间劳动关系问题的通知》第二条规定，企业因受疫情影响导致生产经营困难的，可以通过与职工协商一致采取调整薪酬、轮岗轮休、缩短工时等方式稳定工作岗位，尽量不裁员或者少裁员。符合条件的企业，可按规定享受稳岗补贴。企业停工停产在一个工资支付周期内的,企业应按劳动合同规定的标准支付职工工资。超过一个工资支付周期的,若职工提供了正常劳动,企业支付给职工的工资不得低于当地最低工资标准。职工没有提供正常劳动的,企业应当发放生活费,生活费标准按各省、自治区、直辖市规定的办法执行。

4.5.8 隔离人员工资支付

我国法律规定因甲类传染病被隔离人员,所在单位不得停止支付其隔离期间的工作报酬。

《中华人民共和国传染病防治法》第四十一条规定,对已经发生甲类传染病病例的场所或者该场所内的特定区域的人员,所在地的县级以上地方人民政府可以实施隔离措施,并同时向上一级人民政府报告;接到报告的上级人民政府应当即时作出是否批准的决定。上级人民政府作出不予批准决定的,实施隔离措施的人民政府应当立即解除隔离措施。在隔离期间,实施隔离措施的人民政府应当对被隔离人员提供生活保障;被隔离人员有工作单位的,所在单位不得停止支付其隔离期间的工作报酬。

《中华人民共和国传染病防治法实施办法》第四十九条规定,甲类传染病疑似病人或者病原携带者的密切接触者,经留验排除是病人或者病原携带者后,留验期间的工资福利待遇由所属单位按出勤照发。

《人力资源社会保障部办公厅关于妥善处理新型冠状病毒感染的肺炎疫情防控期间劳动关系问题的通知》第一条规定,对新型冠状病毒感染的肺炎患者、疑似病人、密切接触者在其隔离治疗期间或医学观察期间以及因政府实施隔离措施或采取其他紧急措施导致不能提供正常劳动的企业职工,企业应当支付职工在此期间的工作报酬,并不得依据劳动合同法第四十条、第四十一条与职工解除劳动合同。在此期间,劳动合同到期的,分别顺延至职工医疗期期满、医学观察期期满、隔离期期满或者政府采取的紧急措施结束。

参考文献

[1] 段海宇. 人力资源全流程法律风险管理手册：实务操作·成本管理·案例分析（全新增订版）[M]. 中国法制出版社. 2017.

[2] 何泽华. 人力资源管理法律实操全流程演练[M]. 中国铁道出版社. 2018.

[3] 钟永棣. 企业人力资源法律风险关键环节精解[M]. 人民邮电出版社. 2018.

[4] 游本春，魏镇胜. HR大律师：劳动争议案件常见疑难问题解析[M]. 法律出版社. 2018.

[5] 郝云峰. HR劳动争议案例精选与实务操作指引[M]. 中国法制出版社. 2018.

[6] 王天淇. 逾期不休算放弃年假？关于年假，法官给了四点提示. 北晚新视觉[EB/OL]. (2019-04-29). https://www.takefoto.cn/viewnews-1773914.html.

[7] 《工友》编辑部. 他人代签的劳动合同是否有效？[J]. 工友，2020(7)：20-21.

[8] 艾小川. 服务期内严重违纪被解除关系，劳动者是否应支付违约金？[DB/OL]. (2017-02-24). 江西法院网. http://jxfy.chinacourt.gov.cn/article/detail/2017/02/id/2554691.shtml.

[9] 程新桐. 试用期与见习期的区别，你知道吗？[J]. 中国卫生人才，2019(12)：33-36.

[10] 服务期内因伤无法上班，单位能否索要违约金？[J]. 工友，2016(11)：24.

[11] 侯玲玲. 我国加班工资计算基数的地方裁审规则——以北京、

上海、广东、深圳为样本［J］．法学，2014（6）：138－148．

［12］纪留利．用人单位对劳动者的罚款处罚权探讨［J］．法制与经济，2012，311（5）：34，36．

［13］姜昭．论商业秘密的构成及司法认定［J］．电子知识产权，2010（8）：78－82．

［14］李峰．分享经济背景下劳动关系探析——以网约车为例［J］．中国劳动，2017（1）：13－17．

［15］李杰．提供职业培训．无权约定服务期和违约金［J］．中国人力资源社会保障，2016（5）：45．

［16］李天全．实行计件工资时工人所得能否低于最低工资？［EB/OL］．(2017－06－12)．https：//www.chinacourt.org/article/detail/2017/06/id/2893089.shtml．

［17］刘业林．劳动者主张加班费，如何才能有效举证加班事实的存在？［J］．工会信息，2015，664（16）：15－16．

［18］鲁志峰．加班与值班的区别及界定［J］．中国人力资源社会保障，2017（2）：47．

［19］毛一竹，毛鑫．外卖小哥成交通事故高发群体［EB/OL］．(2020－09－15)．http：//www.xinhuanet.com//mrdx/2020－09/15/c_139368949.htm．

［20］孟亚生．岂能用《经济合同》规避《劳动合同》——倔强打工妹改写出租车司机与出租车公司无劳动关系的历史［J］．安全与健康，2012（16）：20－22．

［21］沈建峰．论劳动关系的实践界定［J］．法律适用，2012（12）：89－93．

［22］吴冬妮．从案例视角简析员工不能胜任工作的司法判断［J］．现代金融导刊，2020（2）：76－81．

［23］吴艳．劳动者拒绝"临时性"工作安排的法律后果分析［J］．牡丹江大学学报，2012，21（11）：11－13．

［24］许昌市中级人民法院．外卖骑手被解雇 索要双倍工资获支持．

[EB/OL]. (2019-04-30). http://www.hncourt.gov.cn/public/detail.php? id=177579.

[25] 赵兴武,李钰,民五. "损失全由司机承担" 劳动合同条款被判无效 [N]. 人民法院报,2013-05-29.

[26] 中国产业信息网. 2019年中国直播用户规模、直播平台特点及发展趋势分析 [EB/OL]. (2020-01-14). https://www.chyxx.com/industry/202001/829079.html.

[27] 中国法院网. 指导案例18号-中兴通讯(杭州)有限责任公司诉王鹏劳动合同纠纷案 [EB/OL]. (2013-11-26). https://www.chinacourt.org/article/detail/2013/11/id/1150422.shtml.

[28] 周虎. 员工不胜任工作可以被"调岗"吗 [J]. 人力资源管理,2012(11):8-9.

[29] 庄严. 加班工资的举证责任谁承担 [J]. 中国人力资源社会保障,2010,4(6):43-44.